교부신학 프로젝트 01

# 초대 교회의 갈등과 치료

## 다함 도서출판 은

1. **다윗과 아브라함**의 자손

   아브라함과 다윗의 자손으로, 하나님 구원의 언약 안에 있는 택함 받은 하나님 나라 백성을 뜻합니다.

2. **마음과 뜻과 힘을 다하여** 하나님을 사랑하라

   구약의 언약 백성 이스라엘에게 주신 명령(신 6:5)을 인용하여 예수님이 가르쳐 주신 새 계명
   (마 22:37, 막 12:30, 눅 10:27)대로 마음과 뜻과 힘을 다해 하나님을 사랑하겠노라는 결단과 고백입니다.

### 사명선언문

1. 성경을 영원불변하고 정확무오한 하나님의 말씀으로 믿으며, 모든 것의 기준이 되는 유일한 진리로 인정하겠습니다.
2. 수천 년 주님의 교회의 역사 가운데 찬란하게 드러난 하나님의 한결같은 다스림과 빛나는 영광을 드러내겠습니다.
3. 교회에 유익이 되고 성도에 덕을 끼치기 위해, 거룩한 진리를 사랑과 겸손에 담아 말하겠습니다.
4. 하나님 앞에서 부끄럽지 않도록 항상 정직하고 성실하겠습니다.

교부신학 프로젝트 01

# 초대 교회의 갈등과 치료

**초판 1쇄 인쇄** 2022년 01월 20일
**초판 1쇄 발행** 2022년 02월 01일

**지은이** ┃ 동서방 기독교 문화연구회
　　　　　(배정훈, 우병훈, 조윤호 공저)

**펴낸이** ┃ 이웅석
**펴낸곳** ┃ 도서출판 다함
**등　록** ┃ 제2018-000005호
**주　소** ┃ 경기도 군포시 산본로 323번길 20-33, 701-3호(산본동, 대원프라자빌딩)
**전　화** ┃ 031-391-2137
**팩　스** ┃ 050-7593-3175
**블로그** ┃ https://blog.naver.com/dahambooks
**이메일** ┃ dahambooks@gmail.com

ISBN　979-11-90584-43-2 (94230) ┃ 979-11-90584-42-5 (세트)

교부신학 프로젝트 01

# 초대 교회의 갈등과 치료

동서방 기독교 문화연구회

(배정훈, 우병훈, 조윤호 공저)

EARLY CHURCH

Patristic Theology Project

# 목차

EARLY CHURCH

EARLY CHURCH

# 추천사

구약성경이 전하는 모든 이야기의 시작부터 갈등이 있었다. 신약성경에서 사도들의 편지를 받는다는 것은 수신 공동체가 갈등을 겪고 있다는 의미이기도 했다. 1~2세기, 시리아 안디옥(안티오키아) 교회의 주교 이그나티우스(이그나티오스)는 로마로 압송되어 로마 황제와 시민들 앞에서 순교했다. 서력 313년, 콘스탄티누스 황제가 그리스도교를 합법화 -그리고 380년, 테오도시우스 황제가 제국의 정통신앙으로 공인화- 했지만 그리스도인들은 이전과 다른 차원의 갈등과 마주해야 했다. 4세기, 수도사 출신으로서 콘스탄티노폴리스의 주교가 된 요한 크리소스톰(요하네스 크리소스토모스)는 '새 로마' 시민이라 자부하는 그리스도인들의 허례허식을 대면할 때마다 힘들어했다. 그들과 갈등으로 '새 로마'에서 쫓겨난 그는 유해가 되어 도시로 돌아온 뒤에야

비로소 화해와 안식을 누릴 수 있었다. 동시대 '옛 로마' 권역에서 살았던 교부 아우구스티누스는 자신의 영혼을 두고 하나님과 줄다리기 하는 욕망의 대상을 평생 인지하며 살았다.

그것이 외부 세력이든지, 지역 사회 및 교회의 풍조이든지, 혹은 마음으로 끝없이 욕망하는 대상이든지 간에 시대와 지역에 따라 드러나는 갈등의 양상은 다양할지언정, 모든 갈등이 시작되는 공통 진원지로 교부들이 주목하는 -하지만 교부 아우구스티누스가 비로소 천착하며 탐구하기 시작한- 대상은 언제나 사람의 영혼이었다. 갈등이 있는 곳에서 드라마가 시작되며, 영혼은 갈등과 씨름하면서 극복해 나가는 드라마의 주인공이다. 교부들의 사상에서 사람의 영혼은 본래 창조의 원리인 '로고스'로 말미암아 만물의 창조자로부터 세상의 만물과 연결되어 있다. 교부들의 세계관에서 영혼의 갈등(혹은, 병)은 '로고스'의 부재로 말미암아 나타나는 관계의 이탈과 혼돈이며, 반면 영혼의 치료는 '로고스'의 충만으로 말미암아 나타나는 관계의 정립과 질서이다. 하나님 사랑과 이웃 사랑은 오직 '로고스'로 말미암아 바르게 그리고 하나로 재정립된다. '로고스'의 도움으로 창조자와 이웃 그리고 자신과 바른 관계를 회복해 나가는 영혼들의 드라마는 만물을 새롭게 하시는 창조자 하나님의 우주적 구원 드라마 안에서 비로소 온전한 귀결에 이른다.

〈동서방 기독교 문화연구회〉가 영혼의 갈등을 주제로 첫 공동 연구하여 결과물로 내놓은 이 책 『초대 교회의 갈등과 치료』는 몇 가지

의미에서 첫 번째 기념비로서 곁에 두고 읽을 가치가 있다. 이 책은 영혼의 갈등을 주제로 교부들의 사상과 신학을 한국 독자들에게 소개하는 첫 번째 책이다. "한국 사회"라고 쓰고 "갈등 사회"라고 읽는 독자들에게 이 책은 또한 갈등을 바라보는 교부들의 낯선 시선을 통해 우리 사회 고유의 갈등을 성찰할 기회를 열어주는 ―개인적 의견으로는, 마침표보다는 물음표를 던지는― 첫 번째 책이다. 마지막으로, 이 책은 〈교부 신학 프로젝트〉 시리즈를 여는 첫 번째 책이다. 지금까지 한국 사회에서 교부 사상 및 신학과 관련된 담론은 한국 가톨릭 전통의 전유 영역이었다. 〈교부 신학 프로젝트〉는 한국 개혁주의 전통과 교부 전통이 만나 본격적으로 의미 있는 대화를 나눌 첫 번째 공간이 될 것이다. 이 책 『초대 교회의 갈등과 치료』는 그 기념비적 공간으로 들어서는 상징적인 문이다.

곽계일(조지아 센추럴 대학교 교회사/신학 교수,
『동방수도사 서유기 그리스도교 동유기』 저자)

이번에 배정훈 우병훈 조윤호 등 동서방 기독교 문화 연구회의 세 학자들에 의해 교부들의 문헌 연구가 한 권의 책으로 출판된 것을 기쁘게 생각한다. 초기 교회 저술가들의 생애와 저작에 대해 처음으로 소중한 정보를 제공한 이는 가이샤라의 유세비우스와 4세기의 히에로니무스(Sophronius Eusebius Hieronymus)였고 그 이후 동서방의 여러 논자들에 의해 교부 관련 문헌 목록이 작성되거나 소개되었지만, '교부학'(Patrology)이라는 고유한 학문 분과로 자리 잡게 된 것은 18세기 이후였다. 흔히 '교회를 옳게 믿는 자들의 아버지들'이라고 불린 초기 교부들은 사도들과 가장 근접한 시기에 살았다는 점에서 성경(Scripture)과 교회 전통(Tradition), 그 두 세계와 두 세계의 연쇄관계, 그리고 그 이후의 발전에 대한 최선의 석명자(釋明者)라고 할 수 있는데, 이들의 문헌은 교회사의 보고라고 할 수 있다. 이런 점에서 교부들이야말로 진정한 의미의 교회의 아버지들이자 교회의 교사들(doctores ecclesiae)이라고 할 수 있을 것이다. 그래서 존 헨리 뉴먼(John Henry Newman) 추기경은 "우리는 교부들의 문헌을 읽음으로서 교회가 가르쳐 온 진리를 파악할 수 있다"라고 말했을 것이다.

실제로 교부학은 오랜 기간 동안 천주교 학자들이 주도하였고, 가장 훌륭한 교부문헌집으로 알려진 '미뉴 전집'도 미뉴(J. P. Migne) 신부의 주도로 이루어진 결실이었다. 미뉴 전집은 라틴교부(PL: Patrologia Latina) 221권, 헬라교부(PG: Patrologia Greca) 161권, 총 382권으로 구성되어 있는데, 이 방대한 교부문헌은 교부학 연구를 촉

진시켜 주었다. 19세기 이후에는 프랑스 독일 혹은 영미의 개신교 학자들의 연구가 주목을 받아왔지만, 그 동안 한국에서는 교부학 연구가 매우 미진하였다.

필자가 알기로 우리나라에서 이 분야의 첫 전공자는 한철하 박사였다. 그는 미국 유니언 신학교에서 교부학을 연구하였고, 그 결과로 1970년에 '로마의 클레멘스에서부터 아우구스티누스까지'라는 부제를 단 그의『고대 기독교사상 A Study on Ancient Christianity』이 출간되었다. 1970년대 교부학 관련 서적이 역간되는데, 1977년과 1979년에 독일의 교부학자 한스 폰 캄펜하우젠의『헬라교부연구(*Griechische Kirchenväter*)』와『라틴교부연구(*Lateinische Kirchenväter*)』가 역간되었다. 그러다가 1990년대 이후 우리나라에도 몇몇 훌륭한 교부신학 전공자들이 배출되었지만 개신교 내에서 새로운 주제와 문제의식을 가지고 이 분야를 연구하는 학자들이 있다는 것은 자랑스런 일이 아닐 수 없다. 물론 교부, 교부학, 혹은 교부시대에 대한 논문을 쓴 이들은 있었지만 이렇게 '교부신학 프로젝트'라는 야심찬 기획으로 교부학, 혹은 교부 신학을 연구한다는 것은 한국교회를 위해서도 값진 일이라고 생각된다.

이번 책에서는 이그나티우스, 크리소스토모스, 그리고 아우구스티누스의 신학과 사상을 취급하고 있는데, 이들은 약간 시기를 달리하지만 동서방 신학을 대표하는 이들이라고 할 수 있고 이들의 가르침은 오늘의 우리 현실에도 소중한 교훈을 줄 것이다. 비록 이 책이

'갈등과 치료'라는 제목을 달고 있으나 이 책에 게재된 세 편의 논문은 그 이상의 보다 포괄적인 교부연구라고 할 수 있다. 배정훈, 우병훈, 조윤호 박사는 촉망받는 학자로서 이들의 연구는 복제적 재생산에 안주하는 이들에게 상당한 도전을 줄 것이다. 이런 연구를 통해 앞선 시대가 다하지 못한 새로운 세계를 개척해 갈 것으로 기대한다. 이 책을 통해 저자들이 들려주는 교부들의 이야기를 보존하고 가르치고 후손들에게 계승하면 좋겠다. 이런 점에서 아우구스티누스가 '율리아누스 반박'(Contra Julian, II, 9)을 비롯하여 그의 저작 여러 곳에서 언급했던 아래의 말로 격려하고자 한다.

그들은 교회에서 무엇을 발견했던지 그것을 보존하였고,
무엇을 배웠든지 그것을 가르쳤고,
교부들로 받았던 것, 그것을 자식들에게 넘겨주었다.

Quod invenerunt in Ecclesia, tenuerunt:
quod didicerunt, docuerunt:
quad à patribus acceperunt, hoc filiis tradiderunt.

**이상규(고신대학교 명예교수, 백석대학교 석좌교수)**

## 서문
## 교부들로부터 얻는 갈등 해결의 지혜

한국사회는 끊임 없는 갈등에 시달리고 있습니다. 정치, 경제, 사회, 문화, 종교 등의 다양한 영역에서 세대, 지역, 성별 간의 대립과 반목이 날로 심해지고 있습니다. 한국교회의 상황도 크게 다르지 않습니다. 교회 내의 다툼과 분리가 갈수록 격해지고, 그 결과 미움이 있는 곳에 평화를 만드는 중재자(peacemaker)의 역할을 충분히 감당하고 있지 못하고 있습니다. 이러한 교회와 사회의 위기를 어떻게 헤쳐 나갈 수 있을까요? 이 책은 이와 같은 실제적인 고민을 안고 고대 교부들의 목소리를 듣고자 고민하고 시도하며 만들어졌습니다. "초대교회 역시 오늘날과 마찬가지로 여러 가지 갈등 상황 속에 있었는데 그들은 어떻게 이러한 문제들을 해결해 나갔을까? 그리고 초대교회의 가르침과 교훈들이 오늘날의 우리에게는 어떤 도움이 될 수 있을까?" 이 책에서 초대기독교의 갈등과 해결을 탐구하면서 이러한 질문들에 답하고자 합니다.

우리는 코로나가 처음 대규모로 확산되던 2020년 3월, 고신대학교에서 동서방기독교 문화연구회를 창설하면서 첫 번째 공동연구 프로젝트로 '고대기독교의 갈등'을 선정했습니다. 동서방기독교 문화연구회의 설립목적은 서방기독교와 동방기독교, 더 나아가 한국교회까지 아우르는 동서방의 기독교 고전을 연구하여 학계 뿐 아니라 한국교회와 사회를 이롭게 하는데 있습니다. 우리의 연구 범위의 초점은 주로 동서방의 교부들에 있습니다. 비록 세 명으로 시작한 작은 연구회지만, '갈등'이라는 주제를 선택하여 아직까지 거의 미지에 가까운 초대기독교의 풍성한 유산을 소개하고, 이러한 유산이 학자들의 상아탑에만 갇혀있지 않고 오늘날 우리에게도 여전히 유효한 유익이 될 수 있다는 점을 보여주고자 했습니다. 교부들의 세계와 현대 우리들의 세계를 잇는 것입니다. 이런 학문적이며 실제적인 목적을 이루기 위해 갈등주제를 선택했습니다. 갈등은 과거만이 아니라 여전히 우리의 삶에 존재하며 특히 코로나 이후에는 한층 더 심각해졌기 때문입니다.

학계의 상황을 살펴보면, 최근 웬디 마이어(Wendy Mayer)를 중심으로 하여 세계 여러 학자들의 공동 프로젝트로 초대교회 종교갈등(religious conflict) 연구가 체계적으로 이루어지고 있습니다.[1] 이들은 종교와 관련된 두 집단 이상의 종교, 정치, 사회, 경제, 문화, 신학, 사상 등에서의 다양한 충돌과 대립을 분석했습니다. 이 연구에서 그리스-로마 전통 종교와 기독교, 로마제국의 박해, 이단의 위협, 기독교 분파간의 갈등, 교리 논쟁, 고대 후기 지도자들의 권력다툼과 같은 주제들이 주로 다뤄졌습니다.[2] 아직까지 국내에서는 몇몇 주제들이 단편적으로 연구되었을 뿐, 체계적인 분석은 거의 이루어지지 않았습니다.

우리 연구회는 이런 공백을 메우면서도 국제학계와도 몇 가지 차별성을 두었습니다. 첫째, 연구범위를 더 넓혀서 여러 영역에서의 외적인 갈등뿐만 아니라 마음의 갈등, 즉 영혼의 병과 치료까지 포함했습니다. 갈등은 외부 뿐 아니라 우리의 내부에서도 일어나고, 때때로 마음의 병이 외적인 갈등보다 더 크기도 합니다. 고대세계에서 영혼의 건강은 상당히 중요한 요소로, 철학자들은 영혼의 의사(physician of

---

1    대표적인 연구서는 다음과 같다. Wendy Mayer and Bronwen Neil(eds.), *Religious Conflict from Early Christianity to the Rise of Islam* (Berlin: De Gruyter, 2013); Wendy Mayer and Chris L. de Wet(eds.), *Reconceiving Religious Conflict: New Views from the Formative Centuries of Christianity* (London: Routledge, 2018).

2    Wendy Mayer, "Religious Conflict: Definitions, Problems, and Theoretical Approaches," in *Religious Conflict*, 2-5; Wendy Mayer, "Re-Theorizing Religious Conflict: Early Christianity to Late Antiquity and Beyond," in *Reconceiving Religious Conflict*, 6-11.

the soul)로 간주되었습니다.[3] 최근 학자들의 연구에 따르면 교부들은 자신들이야말로 당대의 철학자들을 능가하는 진정한 영혼의 의사임을 주장하며 영혼이 병든 자들을 말씀과 예배, 여러 영적인 훈련으로 치료했습니다. 이러한 영혼의 돌봄(care of the soul)은 그들의 목양 사역의 핵심이었습니다.[4] 둘째, 한국의 교회와 사회라는 정황(context)을 염두에 두고 연구를 진행했습니다. 우리의 연구가 국내외 학계에 기여할 뿐만 아니라, 비록 분량은 많지 않지만 한국적 상황에 주는 함의점들 또한 찾으려고 시도했습니다. 현장의 문제의식과 질문을 교부들을 통해 풀어내어 교회와 목회를 돕고, 이로써 본질을 회복한 기독교가 사회에 선한 영향력을 주었으면 하는 바람이었습니다.

이러한 점들을 염두에 두면서 우리는 세 명의 고대 동서방 교부들, 이그나티우스(Ignatius of Antioch, 35-108), 요한 크리소스톰(John Chrysostom, c.349-407), 아우구스티누스(Augustinus of Hippo, 354-430)에 집중했습니다.[5] 이 책은 한국에서 교부와 갈등을 주제로 한 첫 번째 책이기도 하면서, 지금까지 거의 간과되어왔던 이그나티우스와

---

3  Martha C. Nussbaum, *The Therapy of Desire: Theory and Practice in Hellenistic Ethics* (Princeton: Princeton University Press, 1994).

4  Heidi Marx-Wolf and Kristi Upson-Saia, "The State of the Question: Religion, Medicine, Disability, and Health in Late Antiquity," *Journal of Late Antiquity* 8 (2015), 257-72.

5  이 책에서 인명이나 지명은 대체로 한국교회사학회의 기준으로 통일했다. 하지만 때로는 우리에게 보다 친숙한 영어식 인명을 따르기도 했다.

크리소스톰을 소개하여 교부학 연구의 저변을 다양화하려는 목적을 지녔습니다.

이 책은 연대적인 순서로 3장으로 구성되었습니다. 1장은 1세기 동방교부 이그나티우스에 관한 내용으로, 현존하는 그의 7개의 서신을 다각도로 분석하여 당시에 그를 둘러싼 교회적, 사회적, 신앙적 갈등을 설명하고, 이에 대한 해결 방안을 제시했습니다. 이단, 로마정부의 핍박과 순교, 신앙의 문제에서 이그나티우스의 해결책의 핵심은 그리스도에 대한 신앙에 있었습니다. 2장은 4세기 동방교부 요한 크리소스톰에게로 이동하여, 영혼의 병과 치료에 대한 그의 사상을 살펴봤습니다. 최근 요한에 관한 고대 철학적-의학적 치료 관점에서의 연구를 비평적으로 개관하면서, 요한이 본 영혼의 병은 무엇이며 우리의 신앙이 어떻게 이 병을 고칠 수 있는지를 설명했습니다. 요한은 욕망과 죄로 인해 영혼이 실제로 병든다고 보았고, 이를 말씀과 우리의 대부분의 교회 생활로 치료하고자 했습니다. 마지막 3장은 서방교회로 넘어가서 이 전통의 거장인 아우구스티누스를 살펴보면서, 아우구스티누스에게 있어서 하나님 사랑과 이웃사랑은 갈등이 없이 하나로 연결되어 있음을 논증합니다. 그의 대표적인 작품인『신국론』에 대한 면밀한 분석을 바탕으로 예배, 선한 의지, 평화, 정의, 그리스도 등의 다양한 관점에서 이 두 사랑이 얼마나 긴밀하게 연결되어 있으며 서로를 필요로 하고 있는지를 명백하게 보여줍니다.

책을 출판하면서 여러 분께 많은 은혜의 빚을 졌습니다. 먼저 우리

멤버들께 감사의 인사를 드립니다. 아무런 갈등 없이 서로의 은사와 장점이 조화를 이루어 공동연구라는 큰 산을 즐겁게 헤쳐 나갈 수 있었고, 비로소 그 첫 번째 결실이 나오게 되었습니다. 또한 도서출판 다함의 이웅석 대표님에게도 감사를 드립니다. 어려운 출판 환경 가운데서도 선뜻 교부신학 시리즈를 기획, 출간해 주셔서 이 책이 세상에 나올 수 있었습니다. 출판사의 이런 도움이 없었다면 교부와 현대의 소통이라는 연구회의 정신이 제대로 빛을 발하지 못했을 것입니다. 시광교회와 이정규 목사님의 도움도 잊을 수 없습니다. 첫 대중 학술발표회를 할 수 있도록 장소를 제공해 주시고 여러모로 환대해 주신 덕분에 그 발표문들이 책으로 나오게 되었습니다. 마지막으로 과분한 추천사를 써 주신 이상규 교수님, 곽계일 교수님께도 감사드립니다. 이 책이 한국 교부학 연구와 함께 한국교회와 사회가 갈등을 넘어 화해와 상생에 이르며 상한 영혼을 치료하는데 조금이나마 기여하기를 간절히 기도합니다.

다가올 2022년을 바라보며

동서방 기독교 문화연구회를 대표하여
배정훈

# 약어

| | |
|------|-------------------------------------------|
| ACW | Ancient Christian Writers |
| ANF | Ante-Nicene Fathers |
| BA | Bibliothèque Augustinienne |
| CCL | Corpus Christianorum Series Latina |
| CSEL | Corpus Scriptorum Ecclesiasticorum Latinorum |
| FC | Fathers of the Church |
| LCL | Loeb Classical Library |
| NPNF | Nicene and Post-Nicene Fathers |
| PG | Patrologia Graeca |
| PL | Patrologia Latina |
| SC | Sources Chrétiennes |

갈등을 신앙으로 승화시킨 이그나티우스의 신학과 사상

EARLY CHURCH

# 갈등을 신앙으로 승화시킨 이그나티우스의 신학과 사상

- 이그나티우스의 일곱 서신을 중심으로 -

조윤호 박사(그리심교회 담임)

## I. 들어가는 말: 갈등의 골짜기를 걸어가며

시대를 불문하고 역사는 갈등하는 구조 속에 놓여진다. 때로는 환경적인 문제로, 때로는 세력 간의 이해 차이로 일어나는 갈등의 문제는 그 사회와 그 시대의 큰 변혁의 조건이 되기도 한다. 인간의 죄는 '사망'과 함께 갈등의 문제를 야기시키는 원형이 된다. 그리고 세상은 불완전함 가운데 놓여진다. 따라서 갈등은 인간이 살아가는 바탕 위에 항상 공존하게 된다. 인간의 죄 사함에 따른 대속을 불러일으켰던 예수님의 '십자가'와 '부활 사건' 이후 세상 가운데 세워진 교회 또한 세상의 불완전함 가운데 세워진다. 그러므로 교회 또한 완전한 구조를 가지지 못하며, 갈등으로부터 자유롭지 못한 모습을 가진다. 초기 기독교의 역사는 여기에서 예외가 될 수 없었다.

초기 기독교 역사를 대변하고 있는 '초대 교회'는 크게 두 가지의 갈등구조를 내포하고 있었다. 첫 번째는 영적인 영향에 의한 갈등구조였으며, 두 번째는 환경에 따른 갈등의 구조였다. 초기 기독교 역사를 대변하고 있는 유세비우스(Eusebius, 263-339)에 따르면 예수님의 산 증인이었던 사도 베드로의 뒤를 이어 이그나티우스(Ignatius of Antioch, 35-108)는 안디옥 교회의 두 번째 감독이 된다.[1] 그는 하나님을 증거했다는 이유로 로마정부와 갈등을 빚는다. 이 일로 인해 로마로 압송되던 이그나티우스는 압송 도중 서머나에서 교회를 향해 네 통의 서신을 기록하게 된다. 그리고 드로아에서는 교회와 개인을 향해 세 통의 서신을 보낸다.[2] 로마로 압송되어 순교 현장을 향하던 이그

---

1　Eusebius Pamphilus, *The Ecclesiastical History of Eusebius Pamphilus*, trans. C. F. Cruse (Oregon: Watchmaker Publishing, 2011), 3:36, 109; 바티스타 몬딘은 자신의 저서 Storia della Teologia I 에서 이그나티우스를 베드로와 에보디우스에 이어 안디옥의 세 번째 감독으로 보고 있다. 그러나 그 또한 이렇게 말한다. "이그나티우스에 관해 역사적으로 중요하고 가장 권위 있는 원천은 에우세비우스(유세비우스)의 기록이다"라고 말한바 있다. Battista Mondin, *Storia della Teologia I*, 조규만 외 3인 역,『신학사 1』(서울: 가톨릭출판사, 2012), 126. ; August Franzen, *Kleine Kirchengeschichte* (Germany: Verlag Herder, 1965), 34.

2　Philip Schaff, *History of the Christian Church Vol. II* (New York: Charles

나티우스가 이와 같이 일곱 통의 서신을 기록한 것은 크게 세 가지의 갈등 구조가 그로 하여금 교회와 개인을 향해 서신을 쓰도록 한다. 첫 번째는 교회를 향한 로마의 압제에 따른 갈등이 서신을 기록하게 만든다. 두 번째는 이단으로 불거진 교리적 문제와 교회와 관련한 갈등이었다. 세 번째는 진정한 그리스도인의 길과 관련한 순교에 따른 갈등이었다.

지금까지 이그나티우스의 서신에 대한 연구는 고고학적으로, 또는 문서비평을 통해 서신의 진위를 가리는 연구들이 주류를 이루었다.[3] 그리고 이그나티우스 서신은 포괄적인 방식으로 전체를 요약하듯 연구되어왔다. 본 연구는 이그나티우스의 서신에 담겨 있는 갈등에 초점을 맞추어 그의 신학이 함께 조명된다. 여기에 대한 이그나티우스의 직접적인 자료는 그의 일곱 서신이 전부이다. 그럼에도 불구하고 본 연구는 이그나티우스의 일곱 서신의 텍스트를 통해 당시 시대적 상황을 연구하여 갈등적 요소를 찾아내고, 이를 신학적으로 조명하게 될 것이다.

먼저 이그나티우스의 갈등에 따른 신학적 사상이 가장 잘 나타나 있는 그의 인사말의 접근을 통해 갈등에 따른 그의 변증신학과 일치와

---

Scribner's Sons, 1922), 660-664; Henry Bettenson, ed., *The Early Christian Fathers* (New York: Oxford University Press, 2010), 3-4.

3    Cyril. C. Richardson, ed., *Early Christian Fathers* (Louisville KY: Westminster John Knox Press, 2006), 83-86.

연합사상을 비춰본다. 그리고 일곱서신의 내용 속에 증거되고 있는 세 가지의 갈등인 로마 정부, 교회와 관련된 갈등과 함께 이그나티우스의 순교 신학에서 나타나는 갈등을 조명해나가게 된다. 그리고 그는 이런 갈등의 요소들을 신앙적으로, 신학적으로 어떻게 풀어나갔는지 '교회 론'과 '감독론', '참된 그리스도인의 신앙론(순교론)'을 통해 들여다본 다. 그리고 이런 이그나티우스의 신학과 사상이 오늘날 우리의 교회와 시대에 어떤 함의를 주고 있는지 결론 부분에서 간략하게 제시한다.

## II. 서신의 인사말에서 나타나는 이그나티우스의 신학적 사상(思想)

### 1. '데오포로스'에 나타나는 갈등의 변증신학

이그나티우스는 일곱 서신에서 자신을 "이그나티오스 호 카이 데오포 로스('Ιγνάτιος ὁ καὶ Θεοφόρος)"로 소개한다.[4] 번역하면 "데오포로스 라고 칭하는 저 이그나티우스는"이다. '데오포로스(Θεοφόρος)'는 '데

---

4    Ignatius, "To the Ephesians," in *Early Christian Fathers,* ed. Cyril. C. Richardson(Louisville KY: Westminster John Knox Press, 2006), 87; "To the Magnesians," 94; "To the Trallians," 98; "To the Romans", 102; "To the Philadelphians," 107; "To the Smyrnaeans," 112; "To Polycarp," 117.

오스(Θεός-하나님)'와 '포로스(φορος-지고 가는 자)'의 합성어다. 그는 자신을 가리켜 스스로 '하나님을 지고 가는 자(모시는 자)'라고 소개하고 있다. 시릴 리차드슨(Cyril Richardson)은 「초기 기독교 교부들」(*Early Christian Fathers*)을 편역하는 과정에서 이것을 '하나님에 의해 영감을 받은 자(God-inspired)'로 번역하고 있다.[5] 하나님이 사람 안에 머무는 것이 강조된다. 로마에 압송되어가는 이그나티우스가 일곱 서신의 인사말에서 자신을 가리켜 '데오포로스'라고 칭한다. 이것은 자신이 보내는 서신에 대한 전반적인 성격을 대변하는 이미지적인 역할을 감당하고 있다. 시릴 리차드슨은 이그나티우스의 서신을 번역하면서 '데오포로스'라는 단어가 사용된 것은 단순한 명사적인 측면에서가 아니라 그의 예언적 성격을 나타내기 위한 별명이었을 것이라고 말한다.[6]

이그나티우스는 '데오포로스'라는 호칭을 통해 서신을 읽는 독자들에게 당시의 여러 상황들을 대변하면서 자신을 변증하고 있다. 로마 정부로 말미암은 갈등, 이단문제에 따른 갈등, 그리고 교회 안의 갈등

---

5    Ignatius, "To the Ephesians," 87; "To the Magnesians," 94. "Theophorus, "God-inspired." The point would seem to be that, despite his status as a convict, he makes prophetic utterances in praise of the churches."; "To the Trallians," 98; "To the Romans," 102; "To the Philadelphians," 107; "To the Smyrnaeans," 112; "To Polycarp," 117.

6    Richardson, ed., *Early Christian Fathers*, 76-77.

과 함께 자신의 신앙과 그 전통성을 변증한다. 헤르만 바빙크(Herman Bavinck, 1854-1921)에 따르면 사도들의 뒤를 이은 속사도 교부들에게는 특징적인 모습이 있었다. 그 가운데 하나는 그리스도를 중심의 위치에 두는 것이었다. 그리스도를 하나님을 계시(啓示)하는 분으로, 대속을 통해 생명을 주신 분으로 그 모습을 증거한다.[7] 그리스도를 중심의 위치에 두는 것은 이그나티우스와 함께 속사도로서 사명을 감당했던 로마의 클레멘스(Clement of Rome, 35-110)에게도 동일하게 나타나고 있었다. 교회 내의 여러 당파로 인해 분쟁에 휩싸이게 된 고린도 교회의 당면한 문제 앞에 클레멘스는 그리스도를 중심에 두는 것으로 갈등 문제를 풀어간다. 「클레멘스의 제1서신」의 제7장 이하에서는 분쟁 가운데 있는 고린도 교인들로 하여금 자신들의 시야를 당파가 아니라 '그리스도의 피'에 고정하도록 한다.[8] 그리고 역겨운 경쟁을 선동하지 말고 그리스도 안에서 겸손하게 갈등을 해소하도록 한다.[9]

'하나님을 지고 가는 자' 또는 '하나님에 의해 영감 받은 자'를 호칭하고 있는 '데오포로스'는 현실 앞에 놓여 있는 갈등에 대해 두 가지

---

7    Herman Bavinck, *Reformed Dogmatics Vol. 2* (Grand Rapids: Baker Academic, 2004), 280.

8    Clement of Rome, "Commonly Called Clement's First Letter," in *Early Christian Fathers,* ed. Cyril. C. Richardson(Louisville KY: Westminster John Knox Press, 2006), 7:1-7; 12:7; 21:6; 49:6, 46-47, 49, 54, 66.

9    Clement of Rome, "Commonly Called Clement's First Letter," 14:1-16:17, 50-52.

측면을 변증하고 있다. 첫 번째는 그리스도와 관련한 자신의 모습을 변증한다. 이그나티우스는「에베소 인들에게」제3장에서 그리스도를 가리켜 '아버지의 마음'이라고 증거한다.[10] 그리고 제5장에서는 '하나님 아버지와 함께 즐거워하는 자'란 것을 강조한다.[11]「마그네시아 인들에게」제7장에서는 '그리스도가 아버지와 하나셨다'는 사실을 증거한다.[12]「빌라델피아 인들에게」제7장에서는 그리스도가 '아버지 하나님을 본받으신 분'으로 알린다.[13] 그리고「서머나 인들에게」제3장에서는 그리스도를 '아버지 하나님과 영적으로 연합된 분'으로 변증한다.[14] 이그나티우스가 호칭하고 있는 '데오포로스'는 그리스도를 닮은 '그리스도인'으로서 갈등 앞에 놓인 자신의 모습을 변증하고 있다. 그리스도가 하나님의 뜻을 실현하는 자로서, 하나님을 계시하는 자로서 그 사명을 감당했던 것처럼 자신이 지금 걷는 길이 그렇다는 것을 변증한다. 데오포로스를 통해 그리스도의 복음으로 말미암아 박해를 당하고, 로마를 향한 순교의 길을 걸어가는 것을 대변하면서 변증하고 있다.

두 번째는 모든 것이 그리스도를 중심으로 이루어져야 한다는 것

---

10    Ignatius, "To the Ephesians," 3:2, 88.

11    Ignatius, "To the Ephesians," 5:1, 89.

12    Ignatius, "To the Magnesians," 7:1, 96.

13    Ignatius, "To the Philadelphians," 7:2, 110.

14    Ignatius, "To the Smyrnaeans," 3:2, 113.

을 변증하고 있다. 이그나티우스는 하나를 이루는 교회 공동체를 추구하고 있다. 교회를 중심에 두길 원하는 그의 사상은 「서머나 인들에게」 제8장에서 '보편교회(καθολικὴ ἐκκλησία)'라는 단어를 직접 사용함으로서 그 모습을 더욱 분명히 했다.[15] 신앙과 교리, 공동체의 조직에 이르기까지 모든 것이 하나의 '보편적 교회'를 이루어가는 것에 초점을 맞추고 있다. 이때 모든 것의 중심을 이루는 것은 그리스도가 되어야 한다는 것이 그의 변증이었다. 「에베소 인들에게」 보낸 서신의 제20장에서는 한 신앙 안에서 교회의 감독과 장로회에 귀를 기울이도록 한다. 이때도 하나를 이루는 중심에 그리스도가 있다.[16] 뿐만 아니라 '구원'은 예수 그리스도로 말미암는다는 '구원'에 따른 변증 또한 그리스도가 중심이 된다.[17] '하나님을 지고 가는 자' 또는 '하나님에 의해 영감 받은 자'로서 갈등에 따른 문제와 관련하여 '데오포로스'는 그 사역이 그리스도가 모든 것의 중심을 이루어야 한다는 것이다. 이와 같이 '데오포로스'는 자신의 절대적 신앙이며, 중심 사상인 그리스도를 통해 영육에 따른 포괄적인 갈등의 문제를 해결할 것을 변증하고 있다.

---

15    Ignatius, "To the Smyrnaeans," 8:2, 115.

16    Ignatius, "To the Ephesians," 20:2, 93.

17    Ignatius, "To the Trallians," 2:1, 98-99; James Bethune-Baker, *An Introduction to the Early History of Christian Doctrine* (Cambridge: Fellow and Dean of Pembroke College, 1903), 121.

## 2. '하나님 아버지'와 '예수 그리스도'가 증거하는(갈등에 따른) 일치와 연합사상

### 1) 하나님의 뜻을 따르는 십자가 그리고 일치와 연합

이그나티우스의 중심사상을 일곱 서신을 통해 증거하라면 단연코 '예수 그리스도'다. 그는 「에베소 인들에게」 보낸 서신의 첫 마디인 인사말에서 예수 그리스도 안에서 '참된 고통'을 받고 있는 신앙을 독려한다.[18] 뿐만 아니라 「마그네시아 인들에게」 보낸 서신에서는 그리스도인의 이름답게 감독을 따를 것과 일치를 강조하기 위해 '예수 그리스도 안에서' 문안한다.[19] 그리고 「트랄레스 인들에게」 보낸 서신에서는 그리스도를 떠나서는 소망이 없다는 것을 '그리스도와 연합할 것'을 통해 밝힌다.[20] 그리고 「로마 인들에게」 보낸 서신에서는 '순교'의 진정한 가치를 '그리스도 안에서' 찾도록 문안하며, 격려한다.[21] 그리고 「빌라델피아 인들에게」 보낸 서신에서는 장로와 감독이 '그리스도의 뜻'에

---

18    Ignatius, "To the Ephesians," 87-88.

19    Ignatius, "To the Magnesians," 94.

20    Ignatius, "To the Trallians," 98.

21    Ignatius, "To the Romans," 102.

따라 임명됐다는 것을 밝힌다.[22] 「서머나 인들에게」에게 보낸 서신에서는 진실을 논하기 위해 '그리스도의 이름으로' 교회에 문안하는 것을 볼 수 있다.[23] 일곱 서신 가운데 유일한 개인 서신이었던 「폴리갑에게」 보낸 서신에서는 '그리스도를 자신의 감독으로 모시고 있는' 폴리갑에게 문안한다.[24] 이와 같이 이그나티우스의 일곱 서신은 전체적으로 그리스도를 조명하고 있다. 그리고 그리스도를 조명할 때 그리스도의 신성과 인성과 함께 그리스도가 이룬 사역이 조명된다. 인사말에서 '데오포로스'가 갈등에 따른 변증의 전반적인 요소를 담고 있었다면 '하나님 아버지'와 '예수 그리스도'의 연결은 사역과 관련하여 갈등에 따른 문제를 '일치'와 '연합'으로 대변하고 있다. 이때 그리스도의 사역은 하나님 아버지의 뜻을 따르는 일치와 연합이었다.

이그나티우스가 인사말에서 강조하고 있는 '그리스도(Χριστός)'는 '기름 붓다(to anoint)'를 뜻하는 '크리오(χρίω)'에서 파생된 단어다. 이것을 번역하면 '기름부음 받은 자'를 뜻한다.[25] '기름부음을 받은

---

22 Ignatius, "To the Philadelphians," 107-108.

23 Ignatius, "To the Smyrnaeans," 112.

24 Ignatius, "To Polycarp," 117.

25 "Now it is to be noted that the title 'Christ' pertains to these three offices: for we know that under the law prophets as well as priests and kings were anointed with holy oil. Hence the illustrious name of 'Messiah' was also bestowed upon the promised Mediator." John Calvin, *Institutes of the Christian Religion*, ed. John McNeill, trans. Ford Lewis Battles

자'로서 인간의 죄를 대속하기 위한 구속자 '예수'의 사역이 조명되고 있다. 구약성경에 따르면 '기름부음을 받은 자'의 직분에는 세 가지가 있다. '왕', '선지자', '제사장'이다. 이 가운데 이그나티우스가 '그리스도'를 통해 특별히 강조하고 있는 직분은 '제사장'직분이었다. '제사장의 직분'은 예수 그리스도께서 인간의 대속의 제물로 자신을 십자가에 드렸던 직분이었으며, 하나님 아버지의 뜻을 이루는 결정적인 사역이었다.

이그나티우스는 일곱 서신에서 '그리스도'가 구원 사역을 통해 하나님 아버지의 뜻을 십자가로 이룬 것을 강조한다. 이처럼 성도가 교회 공동체와 일치를 이루고, 교회는 하나의 교회로 일치와 연합을 이룰 것을 십자가로 강조한다. 그는 「에베소 인들에게」 보낸 서신 제9장에서 십자가를 일치와 연합에 따른 갈등을 해결해주는 '기중기'로 표현하고 있다.[26] 그리고 제18장에서 십자가를 '구원'과 '영생'에 따른 갈등을 '생명'으로 인도하는 길로 소개한다.[27] 「트랄레스 인들에게」 보낸 서신 제11장에 의하면 십자가는 하나님 아버지와 연합하여 열매를 맺는 '가지'로서 역할을 한다. 이런 십자가가 「로마 인들에게」 보낸 서신

---

(Philadelphia: Westminster Press, 1960), 2.15.1; Donald A. Hagner, World Biblical Commentary: Vol. 33a, Matthew 1-13 (Colombia: Word Incorporated, 1993), 9.

26　Ignatius, "To the Ephesians," 9:1, 90.

27　Ignatius, "To the Ephesians," 18:1, 92.

에서는 영적 갈등을 해결하기 위한 영적전투의 '무기'가 되기도 한다.[28]
이그나티우스는 '하나님 아버지'와 '예수 그리스도'를 일곱 서신의 인
사말에 등장시키면서 독자들로 하여금 십자가를 통해 현 상황의 갈등
을 이겨나가도록 격려하고 있다. 그리고 십자가를 지는 제사장의 직분
으로 하나님 아버지의 뜻을 따랐던 예수님처럼 자신은 그런 걸음을 걷
고 있다는 것을 변증하듯 증거하고 있다.

## 2) 사도들의 고백적인 신앙을 증거해내는 일치와 연합

사도들의 가르침을 신앙 고백으로 담고 있는 「사도신경」은 주후 2세
기 중엽에 형성된다.[29] 비록 사도들이 직접 기록하고, 문서화 한 것은
아니지만 사도들의 가르침에 따른 고백을 담고 있다. 「사도신경」이 공
식적으로 문서화 되기 전, 구전에 의해 교회는 그 가르침을 따른다.[30]
베드로의 가르침을 받았고, 사도 바울과도 그 맥을 함께하고 있었던
이그나티우스는 사도들의 직접적인 영향 가운데 놓여 있었다.[31] 사도

---

28  Ignatius, "To the Romans," 5:3, 105.

29   J. van Genderen & W. H. Velema, *Beknopte Gereformeerde Dogmatiek*, 신지철 역,『개혁교회 교의학』(서울: 새물결플러스, 2018), 729.

30  Williston Walker, *A History of Christin Church* (New York: Charles Scribner's Sons, 1922), 60-61.

31  Ignatius, "To the Magnesians," 13:1-2, 97.

들의 가르침과 고백을 담고 있는 「사도신경」은 첫 고백을 이렇게 시작한다. "전능하사 천지를 만드신 하나님 아버지를 내가 믿습니다." 그리고 이어서 "그 외아들 우리 주 예수 그리스도를 믿습니다." 이 고백은 제자들의 고백이기도 했지만 예수님께서 제자들에게 행하신 중요한 가르침이기도 했다. 그러나 하나님이 예수님의 '아버지'가 된다는 가르침은 당시 유대 공회와 매우 골이 깊은 갈등을 만들어낸다. 이런 갈등의 불씨는 이그나티우스가 살아가던 그 시대에도 변함없는 갈등의 불씨였다.[32]

'하나님 아버지'와 '예수 그리스도'에 관한 인사말을 통해 이그나티우스는 자신이 사도들의 가르침을 따른다는 것을 강조하고 있다. 사도들의 가르침은 곧 예수님의 가르침이었다. 따라서 '하나님 아버지'와 '예수 그리스도'에 관한 인사말은 자신의 가르침은 사도들의 가르침, 그리고 고백과 일치하고 있다는 것을 암시하고 있다. 특히 이그나티우스의 서신에 담겨진 인사말은 바울 서신서의 인사말을 보는 것 같다. 그리고 믿음과 관련하여 고난 가운데 놓여진 성도들을 격려했던 「베드로전서」의 시작을 보는 듯 하다. 베드로는 고난 가운데 있던 소아시아의 교회들에게 편지를 보낼 때, '산소망' 가운데 자신들이 놓여있다고 격려한다. 이때, "예수 그리스도의 아버지 하나님"을 강조한

---

32    Ernst Dassmann, *kirchengeschichte I*, 하성수 역, 『교회사 I』(왜관: 분도출판사, 2007), 39.

다. 이그나티우스의 일곱 서신의 인사말은 이런 베드로 서신의 닮은 모습이었다.

한편 리용 가톨릭대학 교수로서 교의학과 종교학을 가르치며 교부 문헌 총서인 「그리스도교 원전」(Sources chrétiennes)을 발행했던 앙 리 드 뤼박(Henri de Lubac)은 이그나티우스가 「빌라델피아 인들에 게」 보낸 서신의 양식은 바울의 나열을 자신의 것으로 삼은 것이라고 증거하고 있다.[33] 「빌라델피아 인들에게」 보낸 서신의 제5장에서 이그 나티우스는 로마를 향한 순교의 길에서 '복음서(Gospel)'와 '사도서 (Apostles)'가 자신의 갈등을 치유하는 위안이 되었다고 밝힌다.[34] 당시 교부들의 권위는 성경에 따른 충실한 해석과 사도들의 가르침을 따르 는 정통성에 있었다. 「트랄레스 인들에게」 보낸 서신의 제7장에 의하 면 사도들의 가르침을 따르는 것은 곧 이단들과의 구별점이기도 했다.

---

33   Henri de Lubac, *La mystique et l'anthropologie dans le christianisme*, 곽진 상 역, 『그리스도교 신비사상과 인간』(화성시: 수원가톨릭대학교 출판부, 2016), 116.

34   'οὐκ ἐγω δὲ ἀλλ᾽ Ἰησοῦς Χριστός, ἐν ᾧ δεδεμέος φοβοῦμαι μᾶλλό. ὡς ἔ τι ὢν ἀναπάρτιστος· ἀλλ᾽ ἡ προσευχ ἡ ὑμῶν εἰς θεόν με ἀπαρτίδει, ἵνα ἐν ᾧ κλήρῳ ἠλεήθην ἐπιτύχω, προσφυγών τῷ εὐαγγελίῳ ὡς σαρκὶ Ἰησοῦ καὶ τοῖς ἀποστόλοις ὡς πρεσβυτερίῳ ἐκκλησίας(Yet your prayers to God will make me perfect so that I may gain that fate which I have mercifully been allotted, by taking refuge in the "Gospel," as in Jesus' flesh, and in the "Apostles," as in the presbytery of the Church.).'' Ignatius, "To the Philadelphians," 5:1, 109.

당시 유대주의적 율법적 사고관과 헬레니즘을 바탕으로 한 이단들의 가르침은 교회로 하여금 '그리스도론'과 '구원론'에 대한 성경적 가르침을 벗어나도록 만든다. 그리고 갈등 가운데 빠져들게 한다. 반면 사도들의 가르침은 정통성을 형성하며 잘못된 교리에 빠져서 갈등을 유발하지 않도록 푯대로써 역할을 감당한다.[35]

이그나티우스의 특징 가운데 하나는 예수 그리스도와 사도들의 일치, 그리고 사도와 교회의 일치와 연합을 통해 자신의 사역을 증거하고 있다.[36] 유세비우스의 증언에 따르면 그는 이단들을 경계하며, 교회를 향해 격려할 때도 '사도들의 전승'을 벗어나지 않도록 권면하는 '사도전승'의 대변자였다.[37] 여기에 대해 교부학자였던 아달베르 G. 함만(Adalbert Gautier Hamman)은 이그나티우스의 신앙을 가리켜 "사도들에게 전해 받은 것을 고백하는 신앙"으로 표현하고 있다.[38] 그리고 또 한 명의 교부학자였던 J. N. D. 켈리(J. N. D. Kelly)는 이그나티우스에 대해 말하기를 "그는 그리스도 및 사도와 일치하는 것을 이상으

---

35    Ignatius, "To the Trallians," 2:2, 99; 7:1, 100.

36    Ignatius, "To the Trallians," 12:2, 101; "To the Romans," 4:3, 104; "To the Philadelphians," 9:1, 110; "To the Smyrnaeans," 8:1, 115.

37    Pamphilus, *The Ecclesiastical History of Eusebius Pamphilus*, 3:36, 109-111; Mondin, *Storia della TeologiaI*, 126.

38    Adalbert Hamman, *How to Read the Church Fathers* (London: SCM Press LTD, 1993), 9.

로 삼았다"라고 밝힌바 있다.[39] 교부들의 권위는 사도들로부터 전해져
온 신앙을 보존하고 바르게 가르치는데 있었다.[40] 이와 같이 이그나티
우스가 인사말에서 나타내고 있는 '하나님 아버지'와 '예수 그리스도'
에 관한 인사말은 단순한 문장의 나열이나 형식을 갖추는 요식이 아
니었다. 그는 '하나님 아버지'와 '예수 그리스도'의 인사말을 통해 교
회로 하여금 사도들의 고백이 담긴 신앙과 함께 그에 따른 일치와 연
합을 이끌어내고 있었다.

## 3) 고난과 갈등을 이겨내는(신앙으로서) 일치와 연합

안디옥 교회의 감독이었던 이그나티우스는 예수 그리스도에 관한 복
음을 증거했다는 이유로 로마 정부로부터 갈등을 빚어낸다. 이 문제
로 그는 로마로 압송당한다. 그의 압송은 순교를 예고하고 있었다. 이
그나티우스는「로마 인들에게」보내는 서신 제5장에서 자신의 압송에
대해 이렇게 표현한다. "로마로 가면서 열 마리의 표범들 사슬에 매여
… 맹수들과 싸우고 있습니다."[41] 이 짧은 문장은 로마로 압송되고 있

---

39    J. N. D. Kelly, *Early Christian Doctrines* (London: Adam & Charles
      Black, 1968), 33.

40    Kelly, *Early Christian Doctrines*, 48.

41    Ignatius, "To the Romans," 5:1, 104.

는 이그나티우스의 갈등을 간접적으로 읽을 수 있게 한다. 그리고 그
의 일곱 서신은 '이단'과 '일치', '순교' 등의 문제를 다루면서 교회 안
팎과 신앙에 따른 갈등의 소재들을 독자들로 하여금 알게 한다. 이때
모든 서신의 인사말에 공통으로 등장하는 것이 있다. "하나님 아버지
와 예수 그리스도"였다. '하나님 아버지(Θεοῦ πατρὸς)'와 '예수 그리
스도('Ιησοῦ Χριστὸς)'는 '일치'와 '연합'의 표상(表象)이었으며, 갈등
요소에 대한 답이었다. 모든 갈등의 근원적인 문제의 해결점은 '하나
님 아버지'와 '예수 그리스도'의 모습에서 나타나는 '일치'와 '연합' 안
에 그 답이 있었다. 「에베소 인들에게」, 「트랄레스 인들에게」, 「빌라델
피아 인들에게」 보낸 서신의 인사말에는 이런 모습이 더욱 뚜렷하게
부각되고 있다.

> ... 여러분의 일치와 선택의 근원은 여러분이 우리의 하나님
> 이신 아버지와 예수 그리스도의 뜻에 의해 받은 진정한 고통
> 입니다. 그러므로 여러분은 행복하다고 여겨질 자격이 있습
> 니다.(Ep)⁴² ... 여러분은 예수 그리스도의 아버지이신 그분에게
> 선택되었으며, 그분의 진정한 자랑거리입니다. 여러분은 우
> 리의 소망되시는 예수 그리스도의 수난으로 온전한 평화를
> 가지게 되었으며 그분과 함께 연합하여 일어나게 될 것입니

---

42   Ignatius, "To the Ephesians," 1:1-2, 88-89.

다.(*Tral*)[43]... 아시아의 빌라델피아에 있는 하나님 아버지와 예수 그리스도의 교회를 향해 '데오포로스'라고 하는 이그나티우스가 예수 그리스도의 보혈 안에서 인사합니다. ... 하나님의 자비의 대상이며 경건한 연합으로 단단히 짜여져 있습니다. 여러분이 가지고 있는 기쁨은 우리 주님의 수난 안에서 가지는 깊고 지속적인 기쁨입니다. 그리고 그분의 넘치는 자비에 의해 여러분은 그의 부활을 철저히 확신하고 있습니다.(*Phil*)[44]

　　이그나티우스가 인사말에서 '예수 그리스도'를 부각시키고 있는 이유는 「에베소 인들에게」 보낸 서신의 제1장에도 잘 나타난다. '고난'과 '희생'이었다. 우리를 위한 그리스도의 '고난'과 '희생'은 아버지의 뜻을 일치시키는 것이며, 연합으로 연결된다. 그리스도의 길을 걷는 자는 그리스도와 '일치', '연합'을 이루게 되며 주변과 환경에 따른 갈등에도 넘어지지 않는 '참된 제자'가 된다.[45] 이그나티우스는 구원을 이루고 있는 핵심을 그리스도와 연합에서 찾고 있었다.[46] 그는 복음이 있기까지 먼저 그리스도의 고난과 그 결과의 열매였던 부활을 강조한다. 「로마 인들에게」 보낸 서신과 「빌라델피아 인들에게」 보낸 서신에

43　　Ignatius, "To the Ephesians," 1:1-2, 88-89.

44　　Ignatius, "To the Ephesians," 1:1-2, 88-89.

45　　Ignatius, "To the Ephesians," 1:1-2, 88-89.

46　　Kelly, *Early Christian Doctrines*, 164-166.

서 이런 사실을 밝히고 있다.[47] 이그나티우스에 따르면 그리스도의 부활은 그리스도인들에 대한 부활의 원형이었다.[48] 이 신앙이 그리스도인과 연합을 이룬다. 그리고 그리스도와 일치된 신앙으로 아버지의 뜻을 이루며 고난과 갈등을 헤쳐나가고, 이겨나가게 되는 것이다.

## III. 일곱 서신이 증거하고 있는 세 가지 갈등

### 1. 로마 정부와의 갈등

이그나티우스가 안디옥의 감독으로 있었던 그 시기는 도미티아누스 (Titus Flavius Domitianus, 81-96)의 뒤를 이어 트라야누스(Marcus Ulpius Trajanus, 98-117)가 로마를 다스리고 있었다. 두 황제가 로마를 다스리던 그 시기는 기독교의 박해가 극에 도달하게 된다.[49] 로마 제국의 제1대 황제였던 아우구스투스(Augustus, B.C. 63-A.D. 14) 이후 로마 정부는 황제 중심의 권력 강화를 위해 '황제숭배사상'에 박차

---

47  Ignatius, "To the Romans," 6:1, 105; "To the Philadelphians," 9:2, 111.

48  Kelly, *Early Christian Doctrines*, 463.

49  Dassmann, *kirchengeschichte I*, 156-163.

를 가한다.[50] '황제숭배사상'은 중앙정부에 대한 충성심과 함께 절대적인 만족은 '로마로부터'라는 등식을 만들어낸다. 그리고 헬레니즘 문화 속에서 황제가 세상의 구원자로 등장한다.[51] 이를 위해 많은 신전들이 건립되었으며, 수많은 신봉자들을 거느리게 된다. 그러나 '황제 숭배'는 집단적 충성심과 신의 제국을 돌본다는 의식 외에는 사람들에게 특별한 것을 제공하지 못한다. 이런 가운데 로마 황제들에 의한 '황제숭배사상'은 우상숭배를 배격하는 기독교와 근본적인 갈등을 겪는다.[52] 더욱이 로마제국에 급속히 펴져 나갔던 기독교의 영향력은 '황제숭배사상'이 주는 것보다 더 큰 만족을 사람들에게 주게 된다. 이로 인해 기독교는 로마 정부에 대해 강력한 갈등을 빚어내며, 생명까지 위협받는 탄압의 주요 표적물이 된다.[53]

이그나티우스가 안디옥의 감독으로 있던 시대는 로마 정부와 결탁한 유대교에 의해 기독교는 이중고의 핍박을 받는다. 이전의 기독교는 로마 당국에 의해 유대교의 한 부분으로 여겨졌으며, 박해의 대상

---

50   Dassmann, *kirchengeschichte I*, 113-117.

51   Dassmann, *kirchengeschichte I*, 117.

52   Jaroslav Pelikan, *The Emergence of the Catholic Tradition(100-600)* (Chicago: The University of Chicago, 1971), 27-28: Karl Suso Frank, *Lehrbuch der Geschichte der Alten Kirche*, 하성수 역,『고대 교회사 개론』 (서울: 가톨릭출판사, 2008), 181-183.

53   Louis Berkhof, *The History of Christian Doctrines* (London: Banner of Truth, 1991), 28: Kelly, *Early Christian Doctrines*, 6-7.

이 아니었다.[54] 그러나 황제 트라야누스에 의해 기독교는 '반국가적 적
대세력', '반인류적인 불법종교'로 낙인이 찍히고 박해를 받는다.[55] 그
런가 하면 낙태에 따른 아이의 '유기', 부부관계를 쉽게 종결짓는 로
마의 관습 등이 기독교인들의 문화와 충돌을 일으키며 갈등을 표출해
낸다.[56] 복합적인 충돌이 기독교를 사지로 몰아갔던 것이다. 이그나티
우스는 「로마 인들에게」 보내는 서신에서 로마로 압송되고 있는 자신
의 모습을 가리켜 "세상의 군주에 의해 유괴되고 있다"라고 밝힌다. 그
리고 자신을 유괴하는 자의 목적이 "나의 경건을 악용하려는 것에 있
습니다"라며 자신의 압송이 로마 정부와 갈등에 따른 것임을 확인시
킨다.[57] 당시 로마의 고관이었던 플리니우스(Gaius Plinius Secundus,
61-113)는 트라야누스에게 보낸 서신에서 기독교인들을 처형하는 과
정에서 발생하는 갈등을 표출해낸다. 그는 기독교 신앙으로 생겨난 충
돌에 대해 황제의 조언을 구한다. 황제는 여기에 두 가지 답을 준다.[58]

---

54    Walker, *A History of Christin Church*, 48.

55    Franzen, *Kleine Kirchengeschichte*, 56-57; Schaff, *History of the Christian
      Church Vol. II*, 46.

56    Diarmaid MacCulloch, *A History of Christianity: The First Three Thousand
      Years*, 박창훈 역, 『3천년 기독교 역사 I: 고대사』(서울: 기독교문서선교
      회, 2013), 206.

57    Ignatius, "To the Romans," 7:1, 105.

58    A. M. Ritter, *Kirchen-und Theoolgiegeschichte in Quellen: Alte Kirche*, 공
      성철 역, 『고대교회 : 교회와 신학의 역사 원전』(서울: 한국신학연구소,

하나는 죄목을 찾을 것이 아니라 기독교인으로 신고되고, 확인되면 무조건 처벌할 것을 명한다. 또 다른 하나는 기독교인이란 것을 포기하고, 후회하며, 용서를 구하는 자는 로마의 자비로 용서해줄 것을 명령한다.[59]

> ... 나는 판결을 내리는데 있어서 ... 범죄가 없다 하더라도 단지 그 이름 때문에(그리스도인) 처벌되어야 하는지 ... 사형으로 위협하면서 두세 번 물었음에도 불구하고 완고한 자들을 처형하였습니다. ... 그들은 어떤 범죄를 행한 것이 아닙니다. 절도, 약탈, 간통 같은 것을 범하지 않았습니다. ... 그들의 식사는 죄 없는 평범한 식사였습니다. ... 그래서 나는 조사를 연기하고, 황제의 조언을 요청하게 되었습니다.[60]

이그나티우스가 로마로 압송되는 과정에서 그는 여러 곳을 거치게 된다. 이것은 그의 선택이 아니라 로마 정부의 선택이었다. 로마 정부는 이 과정을 통해 두 가지 측면의 갈등을 교회를 향해 부추기고 있었다는 것을 짐작할 수 있다. 첫 번째는 속사도 교부인 이그나티우스의 죽음을 알리면서 교회들로 하여금 소망과 희망을 잃어버리게 만든다.

---

2019), 59-62.

59    Franzen, *Kleine Kirchengeschichte*, 58.

60    Franzen, *Kleine Kirchengeschichte*, 57-58

두 번째는 공포와 절망감에 휩싸이도록 만들어 기독교를 스스로 떠나 도록 한다. 이그나티우스가 로마로 압송당하는 과정에서 기록한 「로 마 인들에게」 보내는 서신에서 이런 사실을 짐작할 수 있다. 이그나티 우스는 압송 과정에서 두 가지 사실을 밝힌다. 첫 번째는 자신을 압송 하는 군사들의 모습을 가리켜 당장 자신을 잡아먹을 것 같은 '열 마리 의 표범들'로 묘사하고 있다. 이것은 자신의 압송이 많은 고난과 두려 움을 내포하고 있다는 것을 증명하고 있다. 두 번째는 자신은 이 고난 으로 인해 그리스도의 '참된 제자'가 되어가고 있다는 것이다. 이그나 티우스의 이 고백은 자신을 향한 변증을 넘어 교회를 향하고 있다. 로 마 압제로 인해 갈등 가운데 놓여 있던 교인들로 하여금 넘어지는 자 가 아니라 그리스도의 '참된 제자'가 되어라는 격려와 응원의 메시지 를 던지고 있다.

> 나는 모든 교회들과 서신을 하면서 그들 모두에게 내가 하 나님을 위해 자발적으로 죽는 것임을 깨달을 것을 요청합니 다.(*Rom* 4:1) … 나는 열 마리의 표범들의 사슬에 매여 밤낮으 로, 땅과 바다를 통해 시리아에서 로마로 가면서 야수들과 싸 우고 있습니다. 그러나 그들의 불의로 나는 더 나은 제자가 되 어가고 있습니다.(*Rom* 5:1)[61]

---

61    Ignatius, "To the Romans," 4:1; 5:1, 104.

이그나티우스가 증거하고 있는 갈등과 관련한 일곱 서신에서 우리는 복합적인 측면을 발견하게 된다. 첫 번째는 이그나티우스와 교회가 가지고 있는 고난에 따른 갈등의 문제가 복합적인 구조를 형성하고 있다는 것이다. 갈등의 첫 출발은 유대 공회로부터 시작되었다. 이제는 교회 내의 분파를 형성하는 유대주의자들과 영지주의자들을 뛰어넘어 로마 정부로까지 이어지고 있다. 두 번째는 갈등의 문제는 피하는 것이 해결점이 아니라 보다 적극적인 자세로 문제에 대해 접근해야 한다는 것이다. 트라야누스 황제의 통치 기간 안디옥에서 있었던 국부적인 박해로 이그나티우스는 순교당한다.[62] 이때 순교를 앞두고 있었던 이그나티우스는 로마 정부로부터 가해오는 박해에 따른 갈등을 자신처럼 '참된 제자'가 되는 적극적인 자세로 이겨나가도록 권면하고 있었다.

## 2. 교회와 관련한 갈등

### 1) 이단과의 교리적 갈등

사도들에 의해 교회가 세워지고, 그 이후 교회가 세워질 때도 교회는

---

62    H.R. Drobner, *The Fathers of The Church: A Comprehensive Introduction*, 하성수 역,『교부학』(왜관: 분도출판사, 2015), 120.

유대교적 형틀 속에서 형성된다. 이런 영향력은 주후 2세기 중반까지 지속된다. 기독교 신학에 대한 변증가들이 등장하기 전, 기독교 저술가들의 사상은 유대적 사상의 틀 가운데 있었다.[63] 그리고 또 하나, 초기의 교회는 헬레니즘에 따른 영향으로부터 자유롭지 못했다. 헬레니즘이 낳은 구약성경의 70인 역본은 유대 사회뿐만 아니라 교회 속에서도 동일하게 영향력을 끼치고 있었다. 그리고 플라톤(Plato, B.C. 427-B.C. 347)에 의한 '이데아 세계'와 '물질의 세계'에 따른 사상들, 윤리적인 측면에서의 스토아적 사상들이 교회 속에 영향을 끼친다.[64] J. N. D. 켈리에 의하면 당시의 철학은 지성을 가진 자들이 선호하는 종교 중의 하나였다.[65] 플라톤주의의 영향을 받은 알렉산드리아의 클레멘스(Clement of Alexandria, 150-215)는 플라톤의 철학적 가르침이 히브리인들로부터 비롯되었다며 「티마이오스」의 가르침을 그 예로 든다.[66]

---

63    Kelly, *Early Christian Doctrines*, 17-18.

64    Theo Kobusch, *Christliche Philosophie: Entdeckung der Subjektivität*, 김형수 역, 『그리스도교 철학: 주체성의 발견』(서울: 가톨릭출판사, 2020), 19-22; Kelly, *Early Christian Doctrines*, 15-17; Dassmann, *kirchengeschichte I*, 146.

65    Kelly, *Early Christian Doctrines*, 9-17.

66    "초기 교부들에게 가장 많은 영향을 준 철학 사상은 플라톤과 신플라톤주의의 철학이었다. ... 세속을 떠나는 윤리 정신, 금욕, 마음의 평정을 추구하는 스토아주의의 윤리 사상은 당시 그리스도교에 많은 영향을 주었다."고 펠리칸은 주장한다. Pelikan, *The Emergence of the Catholic Tradition(100-600)*, 35; Kobusch,

이그나티우스 이후 교부로 활동했던 클레멘스는 헬레니즘적 사상으로 사고했다. 그는 그노시스파에 대해 긍정적 견해를 가지고 있었으며,[67] 플라톤적 철학의 요소를 가지고 기독교 철학의 길을 개척했다.[68]

이그나티우스 당시 교회에는 내부의 갈등을 조장하는 대표적인 두 세력이 있었다. 하나는 율법적 틀을 통해 교리적 갈등을 유발시킨 유대주의였다[69] 자로슬라브 펠리칸(Jaroslav Pelikan)에 의하면 모세가 전해준 율법준수를 중요하게 여겼던 유대사상은 기독교 초기뿐만 아니라 기독교 내부에서 지속적인 갈등을 이끌어낸다.[70] 초기 기독교 사상과 함께 발달했던 에비온주의는 유대주의로부터 발생한다. 기독교 최초의 이단이 되었던 이들은 구약에 뿌리를 두며 그리스도의 신성과 동정녀 탄생을 거부한다. 그리고 유대적 율법과 의식을 주장한다.[71] 이 분

*Christliche Philosophie: Entdeckung der Subjektivität*, 19-22:

67    Clement of Alexandria, "On Spiritual Perfection," ed. Henry Chadwick·J. E. L. Oulton, *Alexandrian Christianity* (Louisville KY: Westminster John Knox Press, 2006), 93-105.

68    Bernard McGinn, *The Foundations of Mysticism: Origins to the Fifth Century*, 엄성옥 역, 『서방 기독교 신비주의의 역사(1)』(서울: 은성출판사, 2015), 167.

69    Dassmann, *kirchengeschichte I*, 46.

70    Pelikan, *The Emergence of the Catholic Tradition(100-600)*, 13-14.

71    Ralph Del Colle, *Christ and the Spirit: Spirit-Christology in Trinitarian Perspective* (New York: Oxford University Press, 1994), 158-159.

파주의자들은 사도 바울의 적대자들이었으며, 바리새인의 유형이었다.[72] 이레나이우스(Irenaeus, 130-202)는 이단을 논박하는 자리에서 교부들 가운데 최초로 에비온주의를 정식으로 거론한다. 그리고 이들을 향해 "인간의 탄생이라는 묵은 누룩 안에 머무는 자들"이라며 그리스도의 신성을 거부하고 있는 이들을 질타한다.[73]

그리스도의 신성과 동정녀를 통한 탄생을 거부하는 유대주의 이단과 갈등에 대해 이그나티우스는 「에베소 인들에게」 보낸 서신에서 "우리의 하나님이신 예수 그리스도는 마리아에게서 잉태되셨습니다"라며 교리적으로 분명한 입장에 선다.[74] 그리고 예수 그리스도를 믿는 믿음으로 구원받는다는 교리를 부정하고 율법준수를 주장하고 있는 유대주의자들을 가리켜 「마그네시아 인들에게」 보낸 서신 제10장에서는 '상한 누룩'을 증거하는 자들로,[75] 「빌라델피아 인들에게」 보낸 서신 제6장에서는 '사악한 계교와 속임수'를 사용하는 자들로 여기고 있다.[76]

---

72    Berkhof, *The History of Christian Doctrines*, 29.

73    Irenaeus, Bishop of Lyons, "The Refutation and Overthrow of the Knowledge Falsely So Called," in *Early Christian Fathers,* ed. Edward Rochie Hardy(Louisville KY: Westminster John Knox Press, 2006), III.11.7, 381; V.1.3, 386.

74    Ignatius, "To the Ephesians," 18:2, 92-93.

75    Ignatius, "To the Magnesians," 10:2, 97.

76    Ignatius, "To the Philadelphians," 6:2, 109.

이런 유대주의 이단은 교회 내에 분파를 일으키고, 그릇된 교리를 가르치는 주범이었으며, 이들이 걸어가는 길은 '그리스도의 수난과 일치하지 않는 길'이었다.[77]

> 여러분은 진리의 빛의 자녀이므로 분파와 거짓된 교리에서 피하십시오. … 나쁜 목초지를 멀리하십시오. 아버지께서 심지 않으셨으며, 예수 그리스도께서는 경작하지 않으셨습니다. … 만약 누군가 이단의 길을 걷는다면 그는 수난을 인정하지 않는 것이 됩니다.(*Phil* 2:1-3:3) … 지금 누군가가 당신에게 유대교를 전파한다면, 그에게 주의를 기울이지 마십시오. … 분파를 피하십시오. 예수 그리스도께서 그분의 아버지를 본받으신 것처럼 예수 그리스도를 본받으십시오.(*Phil* 6:1-7:3)

또 다른 하나는 영지주의 이단이었다. 이들은 교회 내에 소개되고 있는 거짓된 교사의 대명사이기도 했다. 종교 혼합주의가 일반화되면서 '그노시스(γνῶσις)' 즉, '지식' 또는 '지혜'를 의미하는 영지주의는 1-4세기 지중해 동부 지역에서 많은 수를 확보하면서 교회를 위협하게 된다.[78] 그리스도에 대해 가현설을 주장했던 이들은 그리스도의 성

---

77    Ignatius, "To the Philadelphians," 2:1-3:3; 6:1-7:3, 108-110.

78    William C. Placher, *A History of Christian Theology: An Introduction* (Kentucky: Westminster John Knox Press, 1983), 45; Berkhof, *The History of Christian Doctrines*, 30-32; Frank, *Lehrbuch der Geschichte der*

육신에 따른 '인성'을 부인하며, 죽음과 부활을 허구적인 것으로 여긴다. 물질세계를 부정했던 이들의 주장에 따르면 하나님이 사람으로 세상에 충만히 들어오신다는 것은 불가능했으며, 가설적인 것에 불과한 것이었다.[79] 이런 영지주의자들에 의한 가현설을 교회 입장에서 받아들일 수 없다는 것이 이그나티우스의 견해였다. 이그나티우스는 영지주의자들처럼 '로고스'를 '내재적 이성'에 두지 않는다. 그는 '로고스'를 '선포된 말씀'으로 받아들인다. 자로슬라브 펠리칸의 주장에 따르면 이것은 그가 '로고스'를 철학적 의미로 받아들이지 않고 있다는 것을 증거하는 것이었다.[80] 이그나티우스는 '로고스'를 '하나님의 아들'로 받아들이면서 그리스도의 성육신에 따른 '참 신성'과 '참 인성'을 제시하고 있다.[81]

이그나티우스는 그리스도에 대해 가현설을 주장하는 영지주의 이단을 특별히 경계했다. 「에베소 인들에게」 보낸 서신의 제7장과 「서머나 인들에게」 보낸 서신 제1장과 제2장, 그리고 제5장에서 그는 동정녀에 의한 그리스도의 성육신은 부인할 수 없는 사실임을 밝힌다. 이와 함께 그리스도의 '인성'과 구원에 따른 '고난'과 '죽으심'과 '부활'의

*Alten Kirche*, 329-330.

79    Placher, *A History of Christian Theology*, 48.

80    Pelikan, *The Emergence of the Catholic Tradition(100-600)*, 187.

81    Pelikan, *The Emergence of the Catholic Tradition(100-600)*, 174-175, 189.

사실을 증거하며 영지주의자들의 가현설을 교리적으로 반박한다.[82] 그리고 「트랄레스 인들에게」 보낸 서신의 제4장에서는 영지주의자 이단을 가리켜 '아첨꾼'으로, 제6장에서는 '다른 음식'과 '맹독을 주는 자'로, 제7장에서는 '성전 밖에 있는 사람'으로 묘사하고 있다.[83] 이런 영지주의자들은 교회와 감독이 예상하지 못한 방식으로 신약을 해석하면서 갈등을 고조시킨다.[84]

> 그분은 육신으로는 다윗의 혈통으로 나셨고, 하나님의 뜻과 권능에 따라 하나님의 아들이셨습니다. 참으로 동정녀에게서 나셨고, ... 우리를 위해서 그 육신이 못 박히셨습니다. ... 그분은 부활하여 그의 성도들과 충실한 신자들을 교회라는 한 지체 안에서 영원히 불러모으는 표준을 세우셨습니다. ... 그분의 고난은 가짜가 아니었습니다. 가짜는 바로! 그들입니다.(Smy 1:1-2:1)[85]

---

82 Ignatius, "To the Ephesians," 7:1-2, 89-90; "To the Smyrnaeans," 1:1-8:1, 112-115; Baker, *An Introduction to the Early History of Christian Doctrine*, 330.

83 Ignatius, "To the Trallians," 4:1; 6:1-2; 7:2, 99-100.

84 Alister McGrath, *Historical Theology: A History of Christian Thought*, 소기천 외 3인 역, 『신학의 역사: 교부시대에서 현대까지 기독교 사상의 흐름』(경기도: 知와 사랑, 2016), 60.

85 Ignatius, "To the Smyrnaeans," 1:1-2:1, 112-113.

또 하나 교부들이 활동하던 시대, 성찬은 기독교와 유대교 사이를 멀어지게 하는 갈등의 요소가 될 뿐만 아니라 가현설을 주장하는 영지주의 이단과의 구별점이 된다.[86] 「에베소 인들에게」 제13장은 성찬식에 참여할 수 없는 영지주의자들을 가리켜 전복될 '사탄의 권력'이라고 평한다.[87] 그리고 「서머나 인들에게」 보내는 서신 제7장에서는 "성찬으로부터 멀리 떨어져 있는 자들"이란 표현을 쓴다.[88] 성찬은 성육신하신 그리스도, 죄를 대속하신 그리스도, 부활하신 그리스도, 승천하신 그리스도, 심판의 주로 이 땅에 다시 오실 그리스도의 '신성'과 '인성'의 모습을 전제로 하고 있었다. 이와 같이 가현설에 따른 영지주의 이단들의 그릇된 교리적 갈등은 온 교회를 흔들고 있었다. 로마의 순교 현장을 향하고 있는 이그나티우스의 입장에서는 풀어야 할 큰 문제 가운데 하나였다. 따라서 그는 폴리갑에게 보내는 서신에서 이단을 가르치는 자들에 대해 단호할 것과 경기자로서의 모습을 잃지 않도록 특별히 독려하고 있었던 것이다.[89]

## 2) 교회 및 감독의 권위에 대한 갈등

---

86    Frank, *Lehrbuch der Geschichte der Alten Kirche*, 151.

87    Ignatius, "To the Ephesians," 13:1, 91.

88    Ignatius, "To the Smyrnaeans," 7:1, 114.

89    Ignatius, "To Polycarp," 3:1, 118.

이그나티우스는 교회가 하나의 모습으로 세워지고, 나가는데 있어서 한 명의 감독을 중심으로 사역이 이뤄질 것을 강조한다. 교회 감독에 대한 이그나티우스의 바람은 일곱 서신 모두에 등장하고 있다. 안디옥 교회의 감독이었던 이그나티우스는 자신을 가리켜 "데오포로스"로 일곱 서신의 인사말에서 소개하고 있다. 이것은 하나님의 뜻을 실현하는 자로서 자신을 변증하면서 동시에 자신의 감독 직분에 대한 권위를 함께 표현하고 있었다. 「빌라델피아 인들에게」 보낸 서신 제7장에서 이그나티우스는 "감독을 떠나 어떤 일도 하지 말도록" 한다.[90] 이그나티우스는 자신이 이런 말을 한 것에 대해 "그것은 하나님의 목소리였습니다"라며 권위를 나타낸다. 일곱 서신을 편역했던 시릴 리차드슨은 여기에 대해 이런 각주를 단다. "'하나님의 영감을 받은' 예언적 발언의 사례입니다."[91] 그리고 헨리 비텐슨(Henry Bettenson)은 「빌라델피아 인들에게」 제7장을 편역하면서 '예언자 이그나티우스'라는 소제목을 붙인다.[92]

이그나티우스는 「에베소 인들에게」 보낸 서신에서 감독의 권위에 복종할 것을,[93] 「마그네시아 인들에게」 보낸 서신에서는 하나님 아버

---

90    Ignatius, "To the Philadelphians," 7:2, 110.

91    Ignatius, "To the Philadelphians," 7:2, 110; 각주 99 재인용.

92    Bettenson, ed., *The Early Christian Fathers*, 47-48.

93    Ignatius, "To the Ephesians," 2:2, 88.

지의 권위를 존중하듯이 감독의 권위를 존중하도록 한다.[94] 「서머나 인
들에게」 보낸 서신에서는 예수 그리스도께서 아버지를 따르셨듯이 감
독의 권위를 최고의 권위로 여기고 따르라고 한다.[95] 이그나티우스가
감독의 권위를 이와 같이 중요하게 여기고 있었던 이유는 교회의 권위
에 따른 갈등의 문제와 무관하지 않다. 로마 정부로부터 가해져 오는
핍박과 이단들로 인한 교회의 갈등이 교회의 권위와 함께 감독직으로
이어지고 있었던 것이다. 로마 정부로부터 가해져 오는 핍박은 교회의
권위를 짓밟고, 감독의 권위를 무색시켜 버린다. 그리고 유대주의자들
과 영지주의자들이 이루고 있는 분파는 교회의 권위를 퇴색시키며, 감
독의 권위를 격감시키고 있었다.[96]

한편, 이그나티우스의 로마 압송 과정을 보면 그는 안디옥을 끼고
있는 실루기아에서 지중해를 통해 로마로 가는 직선 코스로 압송되지
않는다. 안디옥에서 육로로 길리기아, 라오디게아, 빌라델피아, 서머나
와 드로아를 거쳐 해로로 네압볼리에 이르게 된다.[97] 소아시아를 향한
바울의 제3차 전도 여행 때 사용되었던 코스였다. 그리고 빌립보와 두
레스와 브룬디시움을 거쳐 로마에 도착한다. 바울이 예루살렘에서 로

---

94    Ignatius, "To the Magnesians," 3:1, 95.

95    Ignatius, "To the Smyrnaeans," 8:1, 115.

96    MacCulloch, *A History of Christianity*, 214.

97    Richardson, ed., Early Christian Father, 75.

마로 압송되었을 당시 이용했던 지중해의 직선 코스를 사용하지 않는다. 여기에는 소아시아의 주요 교회들로 하여금 이그나티우스가 압송당하는 이유를 공개적으로 알도록 하기 위한 목적을 내포하고 있었다. 로마 정부의 정책과 황제의 권위에 복종하지 않는 교회와 감독의 권위에 대해 경고하고 있었다. 당시 이그나티우스가 '열 마리 표범'에 끌려가는 공포 가운데 압송이 이뤄졌다는 것은 이를 간접적으로 증명하고 있다.[98] 그리고 이어지는 이단들의 분파적 행위는 교회의 권위를 손상시키는 치명적인 역할을 하게 된다.

이그나티우스는 「에베소 인들에게」 보낸 서신 제5장에서 그리스도와 관련하여 교회밖에는 구원이 없다는 교리를 최초로 피력한다.[99] 이것은 교회에 대해 위기를 조성하고 있는 이단의 모든 세력들을 향해 교회는 그리스도의 권위 아래 있다는 것을 밝히는 대목이었다. 유대주의의 율법적 구원론과[100] 영지주의의 구원론에 대해 「트랄레스 인들에게」 보낸 서신에서 "예수 그리스도를 떠나서는 우리는 참된 생명

---

98   Ignatius, "To the Romans," 5:1, 104.

99   Ignatius, "To the Ephesians," 5:2, 89.

100  "유대주의적 기독교는 율법도 지키고, 그 테두리 안에서 그리스도도 믿고자 한 것이다. … 바울의 관점, 즉 메시아의 오심이라는 관점에서 볼 때 1세기의 유대주의는 비록 율법을 언약으로 파악하였다 하더라도 여전히 은혜와 율법의 공로를 혼동하는 오류를 범하고 있다."라고 김영한은 논한다. 김영한, "현대판 유대주의 기독교의 구원론에 대한 비판적 성찰- 종교개혁적 구원론의 관점에서," 「한국개혁신학」 28 (2010): 15-16.

을 소유할 수 없다"며 교회의 권위를 분명하게 한다.[101] 이런 이그나티우스는 감독의 권위를 말할 때, 그 권위를 교회의 권위와 연결하여 말한다. 「서머나 인들에게」 보낸 서신에서 "예수 그리스도가 계신 곳에 보편 교회가 있듯이 감독이 없이는 어떤 세례와 애찬도 허용되어서는 안 됩니다"[102]라고 분명히 한다. 특히 영지주의자들이 자신들의 견해를 앞세우며 전통에 호소할 때, 이그나티우스는 감독의 권위로 이들에게 맞섰다.[103] 따라서 감독의 권위에 대한 위협과 갈등은 곧 교회의 권위에 대한 위협과 갈등으로 그 모습이 나타났다.

### 3) 교회 일치에 대한 갈등

베드로에 이어 로마의 세 번째 감독이었던 클레멘스는 이그나티우스와 동시대 인물이었다. 사도들의 뒤를 이은 교부들의 문헌 가운데 가장 오래된 것은 클레멘스가 기록한 「클레멘스 서신」으로서 고린도 교회의 분열과 관련되어 있다.[104] 로마의 감독이었던 클레멘스가 고린도 교회의 문제에 대해 지도하고, 관여한다는 것은 일반적인 관점으로 보

---

101   Ignatius, "To the Trallians," 9:2, 100.

102   Ignatius, "To the Smyrnaeans," 8:1-2, 115.

103   Placher, A History of Christian Theology: An Introduction, 49.

104   Ritter, *Kirchen-und Theoolgiegeschichte in Quellen*, 49; Richardson, ed.,
      *Early Christian Father*, 34; Hamman, *How to Read the Church Fathers*, 7.

면 교회 내정에 대한 간섭이었다. 서머나 교회의 감독이었던 교부 폴리갑의 경우도 마찬가지다. 폴리갑은「빌립보 인들에게」서신을 보낸다. 그 서신은 빌립보 교회가 조언을 구한 목회적 차원과 이단에 관한 문제의 답장이었다.[105] 답변에는 베드로전서를 비롯한 사도들과 두 교부인 클레멘스와 이그나티우스의 서신이 함께 사용된다. 특히 서신에 대한 답변에는 고린도 교회의 분열에 따른 지도를 펼쳤던「클레멘스의 제1서신」이 주류를 이룬다.[106] 이와 같이 교부들이 자신이 섬기고 있는 교회가 아닌 다른 교회의 문제에 대해 관여할 수 있었던 것은 당시 교회들이 가지고 있었던 "예수 그리스도" 안에서 하나의 교회라는 개념이 있었기 때문이다. 이그나티우스가 에베소 교회를 비롯한 여섯 교회와 서머나 감독인 폴리갑에게 목회적 차원에서 서신을 보낼 수 있었던 것 또한 이런 맥락과 연결된다.

교회의 일치에 대해 누구보다 민감했던 이그나티우스는 '보편교회'라는 단어를 사용하면서 그리스도를 향해 교회가 일치된다는 것을 분명히 한다.[107] 여섯 교회를 대상으로 기록한 서신은 타이틀에 기록된 교회만을 위한 것이 아니었다. 그는 서신을 대중성을 가지고 기록한다. 교부학자인 H. R. 드롭너(H. R. Drobner)에 따르면 사도시대 이

---

105    Richardson, ed., *Early Christian Fathers*, 122-123.

106    Richardson, ed., *Early Christian Fathers*, 125.

107    Ignatius, "To the Smyrnaeans," 8:2, 115.

후, 대략적으로 90년대부터 160년의 시기에 기록된 서신들은 대부분
모든 공동체에 공개적으로 낭독될 것을 전제로 하여 기록하게 된다.[108]
교회 공동체를 하나라는 일치적 관점에서 보고 있다는 것을 증명한다.
이그나티우스가 각 교회별로 보낸 서신 또한 이런 성격을 가지고 있었
다. '보편교회' 속에는 교회의 일치를 외치는 이그나티우스의 신학적
사상이 새겨져 있었다.[109]

교부시대의 특징은 자극적이고 창의적인 접근을 이루기보다 다수
의 현안을 밝히는 것을 중요하게 여겼다.[110] 이런 측면에서 교부들은 전
통적인 신앙에 대한 해석자라기보다 사도들의 전통 신앙을 지키는 증
인들이었다.[111] 한 분 하나님, 한 분 그리스도, 그리고 하나된 교회를 수
호하고 증거하는 것이었다. 속사도 교부들은 그리스도가 교회의 머리
가 되고, 교회가 각각의 몸의 지체를 이루고 있는 측면에서 일치된 교
회를 지켜내는 사명자들이었다. 교회의 일치는 이그나티우스의 사변
적 개념이 아니었다. 이것은 2세기 기독교의 존망을 가를 수 있는 중
요한 문제였다.[112] 이그나티우스의 일곱 서신은 교회를 공격하는 로마

---

108　Drobner, *The Fathers of The Church*, 116.

109　Hamman, *How to Read the Church Fathers*, 7, 9.

110　McGrath, *Historical Theology*, 44-45.

111　Kelly, *Early Christian Doctrines*, 90.

112　Cyril C. Richardson, "The Church in Ignatius of Antioch," in *The Journal of Religion*, 17(1937), 429-430.

정부와 유대교, 그리고 내부에 도사리고 있는 유대주의 이단과 영지주의 이단으로부터 교회를 지켜내는 일치를 강조하고 있다. 「마그네시아 인들에게」, 「트랄레스 인들에게」, 「빌라델피아 인들에게」 보낸 서신의 마지막 인사말에서 자신은 그리스도 안에 있다는 것과 함께, 교회로 하여금 하나가 되어 갈등 속에 빠지지 않을 것을 당부하고 있다.[113]

## 3. 순교 신학과 관련한 갈등

아달베르 G. 함만에 따르면 이그나티우스는 이교 집안 출신으로서 철학자들 밑에서 수학하였다. 특히 그는 스토아학파의 '디아트리바(diatribe-혹평논법)'를 잘 알고 있었다.[114] 당시 교육을 받은 지적인 사람들의 사상은 어떤 한 가지 사상을 내포하고 있기보다 '플라톤화된 스토아 사상', '스토아화된 플라톤 사상'의 모습들을 하고 있었다.[115] 특히 자신에게 다가온 것이 '운명'이라면 이것을 품위 있게 받아들이기를 구하는 '스토아 사상'은 '인내'를 요구하고 있었다.[116] 이런 측면에

---

113  Ignatius, "To the Magnesians," 15:1, 97; "To the Trallians," 13:2, 101; "To the Philadelphians," 11:2, 111.

114  Hamman, *How to Read the Church Fathers*, 7; Kobusch, *Christliche Philosophie*, 89-90, 169-170.

115  Kelly, *Early Christian Doctrines*, 29-36.

116  Dassmann, *kirchengeschichte I*, 141.

서 볼 때 이그나티우스의 '순교 신학'은 스토아적 사상과 무관하지 않다고 말할 수 있다. 그러나 이그나티우스에게 결정적으로 순교의 길을 걷도록 영향을 끼친 것은 플라톤 사상과 스토아 사상이 아닌 사도들의 고백이었다. 이런 이그나티우스의 순교는 성찬의 특징을 지닌다.[117] 그런가 하면 순교와 관련한 그의 견해는 성찬을 논리적인 측면이 아닌 신앙적인 측면에서 교회를 하나로 묶어가는 중요한 역할을 하게 된다.[118] 「로마 인들에게」 보낸 서신 제4장에서 모든 교회로 하여금 자신의 순교는 로마 정부로부터 가해지는 죽음임에도 불구하고 "하나님을 위하여 자발적으로 죽는 것임"을 강조한다. 그리고 자신의 몸이 그리스도를 위한 빵 덩어리가 되길 원한다.

> 나는 모든 교회들에게 서신을 쓰면서 그들 모두에게 내가 하나님을 위해 자발적으로 죽는 것임을 깨달아줄 것을 요청합니다. ... 나를 야수들을 위한 먹이가 되게 하십시오. 이것이 내가 하나님께 나아갈 수 있는 방법입니다. 나는 하나님의 밀이니 야수들의 이빨에 갈려져 그리스도를 위한 순수한 떡 덩어리가 될 것입니다.(Rom 4:1)[119]

---

117 Drobner, *The Fathers of The Church*, 122.

118 Cyril C. Richardson, "The Church in Ignatius of Antioch," 434.

119 Ignatius, "To the Romans," 4:1, 104.

이그나티우스의 순교 신학은 예수를 따르는 '그리스도인의 길'이었으며, '제자도'였다. 그러나 영지주의자들은 그리스도의 '인성'을 부인할 뿐만 아니라 몸의 희생을 가치 없는 것으로 여긴다. 그리고 순교 자체를 방종으로 여기며 반대한다.[120] 이그나티우스의 순교 신학과 정면으로 충돌한다. 1945년 '나그 함마디'에서 발견된 초기 영지주의자들과 관련된 문서 「진리의 증언」(*The Testimony of Truth*)에는 순교하는 자들을 가리켜 "바보 같은 사람들"이라고 조소하는 글이 담겨져 있다.[121] 그러나 순교자들의 관점에서 순교는 인간의 죄로 인해 죽음이 불러오는 고통과 공포의 마지막 순간이 아니었다. 순교는 죄로 인한 '정당한 값의 죽음'이 아니라 의를 따르다가 당하는 '불의한 죽음'이었다.[122] 그러므로 그 길은 '영광의 길'이었고, '그리스도인의 길'이었다. 이런 순교를 '내적인 기쁨'과 '희망'으로 받아들였던 것이 교부들의 모습이었다.[123] 그리스도가 십자가에서 죽은 사실을 가현적으로 볼 뿐만 아니라 순교를 조롱하였던 영지주의자들에 대해 이그나티우스는 「트랄레스 인들에게」 보내는 서신을 통해 그들의 말에 귀를 기울이지 말

---

120 MacCulloch, *A History of Christianity*, 214-215.

121 Elaine Pagels and Karen L. King, *Reading Judas: the gospel of judas and the shaping of christianity*(New York: Viking Press, 2007), 71-72.

122 니콜라오스 바실리아디스, 『죽음의 신비』, 박용범 역 (서울: 정교회출판사, 2010), 309-310.

123 바실리아디스, 『죽음의 신비』, 270-271.

도록 한다.

> 그러므로 예수 그리스도가 다윗의 혈통이었고, 마리아에 의해
> 참으로 태어나셨던 것, 먹고, 마시고, 본디오 빌라도에게 박해
> 를 받으셨으며, 하늘과 땅, 그리고 지하 세계가 보는 앞에서 참
> 으로 십자가에 못 박히시고, 죽으셨다는 것을 묵살하는 이야
> 기에 귀 기울이지 마십시오.(*Tral* 9:1)[124]

순교를 받아들이지 않았던 영지주의자들은 우리가 살아가는 세상
을 두 가지로 해석한다. 하나는 도망쳐야 할 장소였으며, 또 다른 하나
는 무시되어야 할 장소였다.[125] 교부들은 신앙과 교리가 지성에 따르기
보다 의지적인 것에 강조점을 둔다.[126] 이그나티우스가 순교 신학을 따
르는 것은 지성에 의한 것이 아니라 '사도적 길'을 따르는 의지적 결단
이었다. '그리스도의 길'을 따라가는 의지를 수반하는 신앙의 결단이
었다. 이와 같이 속사도 교부로서 그리스도를 위한 순교를 신앙으로
받아들였던 이그나티우스를 비롯한 교회는 본질적으로 다른 길을 가
고 있는 영지주의 이단들과 더욱 깊은 갈등의 골을 형성하게 된다.[127]

---

124　Ignatius, "To the Trallians," 9:1, 100.

125　Placher, *A History of Christian Theology*, 47.

126　Kobusch, *Christliche Philosophie*, 55.

127　MacCulloch, *A History of Christianity*, 205.

## IV. 갈등의 해결을 위해 일곱서신이 제시하고 있는 세 가지 신학적 관점

### 1. 교회론과 관련된 네 가지 속성론

교부들의 문헌을 살펴보면 니케아 신경(325) 이전의 신학은 그리스도에 관한 교리 곧 그리스도론이 큰 바탕을 이룬다. 이런 가운데 그리스도로 말미암는 고난과 핍박, 그리고 거룩한 삶은 신앙의 근본을 이루는 중요한 열쇠가 된다. 여기에 교회가 그 중심에 선다. 교회는 그리스도로 말미암아 충만에 이르게 된 곳이다.[128] 마가 다락방에서 일어났던 성령의 충만, 그리고 베드로의 '회개의 복음'은 교회를 중심으로 일어난 중요한 사건들이었다. 이그나티우스는 갈등에 따른 문제 앞에 교회론과 관련된 네 가지의 속성을 제시한다. 첫 번째는 '하나인 교회'의 제시를 통해 갈등의 실마리를 푼다. 그는 예수 그리스도를 고백하는 교회와 하나의 통일된 교리를 가르치는 교회를 일치시킨다. 그리스도의 성육신에 따른 기독론을 자신의 중심 신학으로 삼았던 이그나티우스는 '하나의 교회론'으로 갈등에 대한 답을 준다.[129] 「에베소 인들에게」 보낸 서신에 의하면 교회와 그리스도는 별도가 아니라 밀착된 관계에

---

128  이윤석, "그리스도의 충만과 성화: 존 머레이의 주장을 중심으로," 「한국개혁신학」55 (2017): 286.

129  Kelly, *Early Christian Doctrines*, 92-96; Schaff, *History of the Christian Church Vol. II*, 659.

있다.[130] 사도들에 의해 세워졌고, 가르침 받은 모든 교회는 언제나 하나의 교회라는 개념을 가지게 한다.[131] 이때 하나에 대한 갈등의 문제는 그리스도라는 관점에서 해결된다.

두 번째는 '거룩한 교회'다. 하나님의 교회가 지니고 있는 가장 뚜렷한 특징 가운데 하나는 거룩이다. 이단과 죄악된 세속이 불러오는 갈등의 문제를 거룩으로 분리시킨다. 거룩은 이단이나 세속의 사람들이 만들어낼 수 있는 결과물이 아니다. 거룩은 그리스도로부터 오는 것이다. 그리스도의 선물인 거룩성은 교회뿐만 아니라 교회 구성원들의 속성이어야 했다.[132] 교부들의 권위 또한 거룩하고, 경건한 사람이라는 입증이 뒤따라야만 했다.[133] 고대 사람들에게 있어서 교회는 구원의 장소였으며, 하나님의 능력이 존재하는 거룩한 장소였다.[134] 이그나티우스의 일곱 서신 가운데 교회가 "거룩하다"라고 명백히 불리는 것

---

130    Ignatius, "To the Ephesians," 5:1, 89.

131    David K. Bernard, *A History of Christian Doctrine, Vol 1* (Hazelwood: Word Aflame Press, 1995), 187; Emst H. Klotsche, *The History of Christian Doctrine,* 강정진 역, 『기독교 교리사』(서울: 기독교문서선교회, 2002), 50-51.

132    Pelikan, *The Emergence of the Catholic Tradition(100-600),* 157.

133    P. Bernhard Schmid, *Grundlinien der Patrologie*, 정기환 역, 『교부학 개론』(서울: 도서출판 콘트롤디아사, 2003), 24-26.

134    Frank, *Lehrbuch der Geschichte der Alten Kirche,* 177.

은「트랄레스 인들에게」보낸 서신의 인사말에서 한 번 나타난다.[135] 그러나 이그나티우스는 간접적인 방식을 통해 '거룩한 교회'를 제시하고 있다. 그는 이것을 이단들과의 구별점으로, 세속으로부터 구별점으로 제시하고 있다.

세 번째는 '보편적 교회'다.「서머나 인들에게」보낸 서신의 제8장에서 '보편교회($K\alpha\theta o\lambda\iota\kappa\acute{\eta}$ $E\kappa\kappa\lambda\eta\sigma\acute{\iota}\alpha$)'라는 단어를 최초로 사용한다.[136] 그러나 교회에 대해 '보편'이라는 단어를 적용시킨 것은 이그나티우스의 독단적인 신학의 발단이 아니었다. 이것은 사도들의 가르침에 따른 것이었다.[137] 사도들의 가르침을 따랐던 이그나티우스가 교회라고 말할 때, 그 교회는 머리가 되는 그리스도께로 연결된 몸이었다. 이런 상태에 놓여 있는 교회를 '보편성'으로 강조했다.[138] 이그나티우스는 교회의 '보편성'으로 이단 또는 세속에 대해 측량의 기준과 중심을 제공하고 있다. 그리고 교회의 보편성으로 갈등에 따른 문제를 해결한다. 루이스 벌코프(Louis Berkhof)에 따르면 '보편교회'는 이단의 출현으로 인한 갈등에 대해 교회는 '사도들의 참된 전승'을 소유한 외적인 기

---

135   Ignatius, "To the Trallians," 98.

136   Ignatius, "To the Smyrnaeans," 8:2, 115; Bernard, *A History of Christian Doctrine, Vol 1*, 188.

137   Genderen & Velema, *Beknopte Gereformeerde Dogmatiek*, 1172-1173.

138   Kelly, *Early Christian Doctrines*, 189-193.

관이라는 것을 증명하는 수단이었다.[139] 이그나티우스는 지역교회들로 하여금 '보편교회'의 일부라는 것을 인식하게 한다. 그리고 '보편교회'로서 전체에 복종하는 '참된교회'가 되게 한다. 이를 통해 교회들이 가지는 교리와 신앙의 갈등을 그는 해소하고 있었다.

네 번째는 '사도적 교회'다. 교회의 정체성은 사도적 선포에 의해 결정된다. 예수님의 가르침을 따랐던 사도들의 가르침을 계승하는 교회를 가리켜 '사도적 교회'라고 한다. 유대주의 이단들이 율법적 구원론을 주장한 것은 교회를 유대교의 분파 또는 유대교의 발전적 관점에서 바라봤기 때문이다. 이그나티우스는 '사도적 교회'로서 교회의 특징을 제시하면서 교회는 유대교의 발달적 과정에서 생겨난 것이 아니라 별도의 존재라는 것을 분명히 한다. 교회는 그리스도의 역사를 통해 존재하게 되었으며, 그리스도로 말미암아 형성하게 되었다.[140] 이그나티우스는 이를 통해 유대주의 이단들로 인한 교회의 근원적 갈등에 답을 주고 있다.[141]

교부학자인 카를 수소 프랑크(Karl Suso Frank)는 교회의 시작은 인간의 죄를 대속하여 십자가에서 죽으시고, 부활하신 예수를 믿는 자

---

139  Berkhof, *The History of Christian Doctrines*, 176.

140  우병훈, "참된 교회의 감춰져 있음—루터 교회론의 한 측면," 「한국개혁신학」 55 (2017): 74.

141  Klotsche, *The History of Christian Doctrine*, 51.

들이 예루살렘에 모인 것이 결정적 계기가 되었다고 자신의 저서 「고대 교회사 개론」에서 밝힌다.[142] 교부들은 이런 사도들의 증인이었다. 「마그네시아 인들에게」 보낸 서신에서 이그나티우스는 "기독교가 유대교를 믿는 것이 아니라 유대교가 기독교를 믿었다"라며 사도들에 의해 세워진 교회는 유대교와 완전히 별개라는 사실을 강조하며, 갈등에 답을 준다.[143] 그리고 교회는 유대교의 '상한 누룩'이 될 수 없으며, 그리스도와 사도들의 명령에 따라 굳게 세워져야 한다는 완전한 구별점을 제시한다.[144] 이것을 「마그네시아 인들에게」 보낸 서신 제10장과 제13장에서 밝히고 있다.[145]

## 2 감독 중심론

이그나티우스가 살아가던 속사도 교부들의 시대는 '전통'과 '일치', '거룩한 삶'과 '순교에 대한 열정'이 어느 시대보다 뜨거웠다. 그러나 지금처럼 교리에 대해 확정적인 모습을 취하지 못했던 시기였다.[146] 따라

---

142  Frank, *Lehrbuch der Geschichte der Alten Kirche*, 124.

143  Ignatius, "To the Magnesians," 10:3, 97.

144  Todd Klutz, "Paul and the development of gentile Christianity,"in *The Early Christian World*, ed. Philip F. Esler(Routledge, 2002), 168-170.

145  Ignatius, "To the Magnesians," 10:2; 13:1, 97.

146  초대 교부들의 신학을 통전적으로 그 내용들이 다루어지는 경향

서 그리스도의 '인성'을 거부하는 가현설주의자들에 의해 교회는 분파에 따른 갈등 속에 빠진다. 분파는 신앙과 교리에 대한 갈등의 요소를 만든다. 여기에 대해 이그나티우스는 감독을 교회의 지도적인 위치에 놓고 문제의 해법을 찾는다.[147] 거룩성이 교회 속에서 발견되어진다면 교회의 통일성은 감독에게서 발견된다.[148] 감독 안에서 교회의 일치를 이루는 것은 「에베소 인들에게」, 「마그네시아 인들에게」, 「트랄레스 인들에게」, 「빌라델피아 인들에게」, 「서머나 인들에게」, 「폴리갑에게」 보낸 서신의 곳곳에서 발견된다. 그는 감독을 진정한 일치의 열쇠로 여긴다.[149] 일곱 서신 가운데 순교에 초점이 맞추어져 있는 「로마인들에게」 보낸 서신을 제외한 여섯 가지 서신은 이런 문제를 동일하게 다루고 있다.

교회사가인 윌리스턴 워커(Williston Walker)에 따르면 최초의 이방인 교회에는 완전한 제도에 따른 직분자들이 존재하지 않았다. 교회

---

들이 있었다. 그 이유는 신학이 신앙의 큰 테두리 안에서 다뤄지고 있었기 때문이다. 조윤호, "요한 크리소스톰의 사상에 나타나는 창조회복에 따른 그리스도의 직분론 이해," 「개혁논총」 49 (2019): 178, 184.

147 Baker, *An Introduction to the Early History of Christian Doctrine*, 357-358; Bettenson, ed., *The Early Christian Fathers*, 4-5; Kelly, *Early Christian Doctrines*, 197-199.

148 *The Emergence of the Catholic Tradition*, 159.

149 Klotsche, *The History of Christian Doctrine*, 51.

사역에 따른 직분은 2세기 중반에 그 유형들이 드러난다. 이런 가운데 어떤 종류의 직임이 중요한지에 관한 문제를 두고 교회들은 갈등에 놓여진다. 이 기회를 이단들은 놓치지 않고 교회의 조직에 관여한다.[150] 여기에 대해 이그나티우스는 감독직을 사도들의 전통을 이어가는 중심으로 여긴다. 감독 중심의 위계 제도가 안디옥의 이그나티우스에 의해 분명해진다.[151] 특히 감독 중심과 관련한 그의 서신의 첫 출발은 가장 긴 21장의 본문을 가진 「에베소 인들에게」라는 서신에서 시작된다. 본 서신의 제1장에서는 순교의 길을 가고 있는 자신을 격려하기 위해 사람을 파송한 에베소 교회에 먼저 감사의 인사를 전한다. 그리고 자신들이 파송한 오네시모를 감독으로 가진 에베소 교회가 복되다는 것을 증거한다.[152] 제1장과 맥을 이어 제2장과 제3장, 제4장, 제5장, 제6장에서는 감독의 필요성과 중요성을 제시하면서 감독 중심론을 펼쳐나간다. 여기서 그는 그리스도께 하듯이 감독에게 순종하여 그리스도 안에서 연합과 일치를 이루도록 한다. 신앙과 교리문제로 갈등을 빚어내고 있는 분파주의자들로부터 교회를 지켜내기 위해 하나의 감독과 장로회를 중심에 두게 한다. 그리고 교회 공동체는 감독의 지도에 의해

---

150    Walker, *A History of Christin Church*, 44-48.

151    Schaff, *History of the Christian Church Vol. II*, 660.

152    Ignatius, "To the Ephesians," 1:3, 88.

일치와 연합을 이루며 신앙과 교리에 대한 문제를 해결하도록 한다.[153]

> ...오네시모, 부르로, 유플로와 프론토니 ... 그들 안에서 나는 여
> 러분들을 보았고, 여러분들 모두를 사랑했습니다.(*Ep.* 2:1) ...
> 그러므로 여러분이 연합하고 순종하고 감독과 장로회에 복종
> 하면 진정한 성인들이 될 것입니다.(*Ep.* 2:2) ... 세계 모든 곳에
> 서 임명된 감독들이 예수 그리스도의 마음을 비추고 있는 것
> 처럼 아버지의 마음이 예수 그리스도를 반영합니다.(*Ep.* 3:2)
> 그러므로 반드시 여러분은 감독과 뜻을 맞추어 행동해야 합니
> 다. 여러분의 장로회는 실제 하프의 현들이 연결되어 있는 것
> 처럼 감독과 밀접하게 연결되어 있습니다.(*Ep.* 4:1) ... 그러므
> 로 여러분이 영원토록 하나님에 속한 자가 되길 원하신다면
> 흠잡을 데 없는 일치 가운데 머물 필요가 있습니다.(*Ep.* 4:2) ...
> 그러므로 감독에 대한 저항을 진심으로 피하여 하나님께 복종
> 하도록 합시다.(*Ep.* 5:3) ... 그러므로 우리는 분명히 감독을 주
> 님처럼 간주해야 합니다.(*Ep.* 6:1) ... 참으로 오네시모는 여러
> 분이 진리에 따라 살아가고 있는 것과 분파주의가 자리 잡지
> 못하도록 한 것을 매우 칭찬하였습니다.(*Ep.* 6:2)[154]

감독 제도를 교회 공동체의 중심에 두고 있는 이그나티우스는 감

---

153    Bernard, *A History of Christian Doctrine, Vol 1*, 28.

154    Ignatius, "To the Ephesians," 2:1-6:2, 88-89.

독을 다양한 모습으로 묘사하고 있다. 그럼에도 불구하고 그는 감독에 대해 단수인 '한 명'을 기록하면서 단일 감독 체계를 강력하게 추구하고 있었다. 이 사실을 카를 수소 프랑크는 자신의 저서 「고대 교회사 개론」에서 밝힌다.[155] 「마그네시아 인들에게」 제3장에서는 하나님 아버지를 존중하듯이 감독의 권위를 인정하며, 순종할 것을 요구한다. 「트랄레스 인들에게」 제3장은 감독을 하나님 아버지의 역할자로 칭한다. 「빌라델피아 인들에게」 제1장에서는 감독의 사역을 예수 그리스도의 사랑의 덕분으로 이뤄진 사역으로 묘사한다. 그리고 「서머나 인들에게」 제8장에서는 감독의 권위를 인정하는 것이 '보편교회'의 모습이라고 강조한다. 여기에서 한 명의 감독을 두는 것과 그를 돕는 규정을 이그나티우스가 처음으로 논하며 일치를 주장한다. 그는 감독을 한 분이신 하나님의 대리인으로 여긴다.[156] 그리고 성찬의 집례를 감독직에 두면서 이단들로 인한 갈등에 종지부를 찍는다. 그런가 하면 감독직에서 교회의 일치에 따른 감독론을 전개한다.[157]

> 해악의 근원인 분파로부터 벗어나야 합니다. 예수 그리스도께서 아버지께 하셨듯이 감독을 따라야 합니다. ... 어느 누구도

---

155  Frank, *Lehrbuch der Geschichte der Alten Kirche*, 227, 370.

156  Dassmann, *kirchengeschichte I*, 259-260.

157  Franzen, *Kleine Kirchengeschichte*, 36.

감독의 승인없이 교회와 관련된 일을 해서는 안 됩니다. 성찬식은 감독이나 그가 승인한 사람에 의해 집행되는 것을 유효한 것으로 간주해야 합니다. 예수 그리스도가 있는 곳에 보편(가톨릭) 교회가 있는 것처럼 감독이 있는 곳에 회중이 모이게 해야 합니다. 감독이 없는 곳에는 애찬이 허락되지 않습니다. 다른 한편으로, 그가 승인한 것은 하나님을 기쁘시게 합니다. 그런 식으로 여러분이 하는 모든 일은 안전하고 유효할 것입니다.(*Smy* 8:1-2)[158]

그는 「폴리갑에게」 보내는 개인 서신에서 감독을 '하나님의 경기자'로 묘사하고 있다.[159] 감독에 관한 이그나티우스의 생각과 애정은 사도적 전통을 이어가는 교회를 지키는 측면에서 절대적이었다. 그는 폴리캅에게 감독의 의무에 대해 주의를 주면서 감독직을 수행함에 있어서 어떤 박해에도 굴하지 말고 갈등을 이겨내도록 독려한다.[160] 이그나티우스가 주장하는 감독 중심주의는 감독의 절대 권력화를 꾀하는 것이 아니다. 감독을 통해 갈등 가운데 있는 교회를 지켜내고, 사도적 교회로서 일치를 염두에 두고 있었던 것이다.[161] 해리 O. 마이어(Harry

---

158  Ignatius, "To the Smyrnaeans," 8:1-2, 115.

159  Ignatius, "To Polycarp," 1:2-3; 2:3; 3:1, 117-118.

160  Franzen, *Kleine Kirchengeschichte*, 37.

161  Richardson, ed., *Early Christian Father*, 76.

O. Maier)는 「신학저널」(*The Journal of Theological Studies*), Vol. 55에서 이그나티우스의 「에베소 인들에게」 보낸 서신 제6장 1절을 중심으로 감독의 침묵을 다룬다. 여기서 그는 이그나티우스가 감독의 침묵을 귀하게 여긴다는 것에 주목한다.[162] 대표자로서 감독의 침묵은 묵음(默音) 속에서 보는 이로 하여금 많은 일들을 해낸다. 말로 표현했을 때 일어날 수 있는 또 다른 갈등을 감독이라는 위치에서 침묵으로 해결하고 있다. 이그나티우스에게 있어서 감독은 교회 공동체의 상징이었으며, 사도적 전통을 전달하는 자였다. 그리고 교회 공동체를 파괴하고자 하는 이단에 대한 갈등의 보호막과 같은 존재였으며, 교회 공동체에 대한 교리의 대표자였다.[163]

## 3. 참된 그리스도인의 신앙론

A.D. 325년 니케아 공의회 이후 교리가 체계적으로 세워지기 전이었다. 속사도 교부들이 중심이 되었던 2세기에는 그리스도가 이룬 화해 사역이 중요하게 다뤄진다. 신학적으로 구별 짓는다면 기독론이 중심

---

162  Harry O. Maier, "The Politics of the silent Bishop: silence and persuasion in Ignatius of Antioch," *The Journal of Theological Studies* 55(2004), 503-509.

163  Bengt Hägglund, *History of Theology*, 박희석 역, 『신학사』(서울: 성광문화사, 2014), 27.

을 이루며, 그리스도가 이룬 제사장 직분의 사역이 특별히 부각된다.[164] 이런 바탕 위에 가르침이 주어지고, 그 가르침을 따르는 사역들이 전 개된다. 이그나티우스의 가르침은 사도들과 일치하는 것을 이상(理 想)으로 내어놓는 것이었다. 교리가 체계화되지 못했을 때인 속사도 교부시대의 권위는 '사도들의 가르침'이 근거였고, 신뢰였다. 유세비 우스의 증언에 따르면 이그나티우스는 베드로의 후계자였으며, 안디 옥 교회의 두 번째 감독이었다.[165] 그리고 서머나의 감독이었던 폴리갑 이「빌립보 인들에게」보낸 서신 제9장에 의하면 이그나티우스는 로 마에서 사도들의 길을 따라 순교하게 된다. 그 죽음은 "주님의 고난에 참여하는 것"이었다. 폴리갑이 밝히고 있듯이 이그나티우스의 사역과 그의 마지막 모습은 고난 가운데 놓여 있는 빌립보 인들로 하여금 갈 등을 이겨내고, 신앙으로 그리스도를 바라보게 한다.

> ... 축복받은 이그나티우스, 조시무스, 루푸스 ... 이들은 모두
> 헛되이 달음질한 것이 아니라 신앙과 의로움 안에서 달렸으
> 며, 그들이 주님의 고난에 참여했다는 것과 주님과 함께 마땅
> 한 자리에 있다는 것을 확신해야 합니다. ... 그들은 이 세상을
> 사랑하지 않았기에 우리를 위해 죽으시고, 우리를 위해 하나

---

164  Kelly, *Early Christian Doctrines*, 92-93; 펠리칸,「고대교회 교리사」

165  Pamphilus, *The Ecclesiastical History of Eusebius Pamphilus*, 109.

님께서 일으키신 그분을 사랑했기 때문입니다(*Phil.* 9:1-2).[166]

그리스도인에 대한 이그나티우스의 견해는 "그리스도를 닮아야 한다"는 것에 있다. 십자가의 길은 혼자가 되고, 고독한 길이 아니었다. 그리스도인의 참된 모습을 나타내는 길이었다. 이그나티우스의 신학을 '사도적 기독론'이며, 그리스도를 통해 '하나님을 기억하는 신학'으로 논했던 폴 A. 하르톡(Paul A. Hartog)은 임박한 순교에 직면했던 이그나티우스의 고통을 가리켜 "그리스도의 완전한 제자로서 그분과 함께 하는 고통"이라고 하였다.[167] 교부들이 그리스도의 사역 가운데 중요하게 여겼던 것은 고난과 죽음을 통한 구원이었다.[168] 「에베소 인들에게」 보내는 서신에서 그는 육신을 따라 행동하는 자, 하나님의 신앙을 타락하도록 가르치는 자가 갈 곳은 영원한 불못이라며 그리스도인의 참된 신앙의 길을 걷는 것이 참으로 복되다는 것을 사실적으로 표현한다.[169] 따라서 「트랄레스 인들에게」 보내는 서신 제9장에서 "그리스도

---

166  Polycarp, "To the Philippians," in *Early Christian Fathers,* ed. Cyril. C. Richardson(Louisville KY: Westminster John Knox Press, 2006), 135.

167  Paul A. Hartog,"Imitatio Christi and Imitatio Dei: High Christology and Ignatius of antioch's Ethics," *Perichoresis* 17.1(2019), 3, 6-8, 16.

168  Berkhof, *The History of Christian Doctrines,* 26.

169  Ignatius, "To the Ephesians," 16:1-2, 92.

에 대해 다르게 말하는 것에 귀를 막으십시오"라고 증거했던 것이다.[170]

이그나티우스는 서신에서 그리스도의 성육신과 고난, 그리고 십자가에서 죽으심에 대한 기독론의 전개와 함께 그리스도로 말미암은 부활 신앙을 그리스도인의 신앙으로 제시한다. 그리고 그리스도의 동정녀 탄생 교리에 대해 마태와 누가를 제외하고 속사도 교부들 가운데 유일하게[171] 이 사실을 「에베소 인들에게」, 「서머나 인들에게」 보낸 서신에서 증거한다. 그는 그리스도의 참된 인성을 확실하게 하면서 영지주의자들과 같은 이단들이 만들어내고 있는 신앙의 갈등에 대해 일침을 가했던 것이다.

> 주님의 죽으심과 마찬가지로 마리아가 동정녀이었던 것과 그녀가 아이를 낳은 것은 세상의 군주에게 알려지지 않았습니다. 이 세 가지 비밀을 부르짖었지만 하나님의 침묵 가운데 있었습니다. 그렇다면 이러한 것들이 그 시대에 어떻게 드러났을까요? ... 무지는 사라졌습니다. 왜냐하면 영생이라는 새로운 것을 일으키기 위해 하나님께서 자신을 사람의 모습으로 계시하셨기 때문입니다. ...(*Ep.* 9:1-3)[172] ... 예수 그리스도를 칭송합니다. ... 그리스도의 피에 의해 ... 동정녀에게서 태어나 하나님

---

170  Ignatius, "To the Trallians," 9:1-2, 99-100.

171  Pelikan, *The Emergence of the Catholic Tradition(100-600)*, 287.

172  Ignatius, "To the Ephesians," 19:1-3, 93.

의 뜻과 능력을 따라 ... 십자가에 못 박히셨다는 것을 확신하고 있습니다. 따라서 그분은 그분의 부활에 의해 유대인이든 이방인이든 관계없이 교회의 한 지체 안에서 영원히 불러모으기 위해 충실한 표준을 세우셨습니다.(*Smy* 1:1-2)[173]

이그나티우스의 구원론과 관련한 참신앙의 모습은 "새 생명과 불멸성이 우리에게 들어오게 해주시는 그리스도와의 연합에 있었다"라고 J. N. D. 켈리는 속사도 교부시대를 통해 밝히고 있다.[174] J. N. D. 켈리에 따르면 참된 그리스도인으로서 신앙의 길을 걸어갔던 이그나티우스에게는 4가지 그리스도의 모습이 그의 신앙의 근본을 이룬다. 첫 번째는 '그리스도의 죽음'이었으며, 두 번째는 '그리스도의 부활'이었다. 세 번째는 '그리스도의 승천'이었으며, 네 번째는 '그리스도의 심판에 따른 재림'이었다.[175] 이를 통해 이그나티우스는 그리스도를 우리의 모든 갈등을 치료하시는 의사로 제시하고 있다.[176] 특히 십자가는 신앙과 현재의 상황에 따른 갈등을 해결하고 그리스도께로 인도하고, 그를 높여주는 기중기와도 같은 것이었다. 이그나티우스는 '에베소 인들'을 향해 자신은 "구원과 영생을 의미하는 십자가를 위해 생명을 내어놓았

---

173    Ignatius, "To the Smyrnaeans," 9:1-2, 113.

174    Kelly, *Early Christian Doctrines*, 164.

175    Kelly, *Early Christian Doctrines*, 88.

176    Ignatius, "To the Ephesians," 7:2, 90.

다"라며 십자가 신앙의 중요성을 피력한다.[177] '트랄레스 인들'에게는 십자가를 가리켜 "하나님 아버지께서 심으신 가지로서 죽지 않는 열매를 맺을 것"으로 증거한다.[178] 신앙을 위해 목숨을 바치는 것에 대한 갈등은 2세기에 들어와서 '순교자'를 공경하는 것으로 그 모습이 나타난다. 그리고 그리스도의 증인으로서 죽음을 나타내는 순교는 순교 신학으로 발전하게 된다.[179] 예수 그리스도를 "우리의 하나님"이라고 부르는 것을 좋아했던 이그나티우스가 제시하고 있는 순교는 고난에 따른 갈등을 모면하는 수단이 아니었다.[180] 갈등을 해결하는 사후의 영예에 대한 약속이었으며, 보장이었다.[181]


## V. 나가는 말:
### 그리스도와 십자가의 진정한 가치관을 그려내는 순교자 이그나티우스

교회와 개인을 향한 이그나티우스의 일곱 서신에 나타나는 특징 가운

---

177   Ignatius, "To the Ephesians," 9:1; 18:1, 90, 92.

178   Ignatius, "To the Trallians," 11:2, 100-101.

179   Frank, *Lehrbuch der Geschichte der Alten Kirche*, 196.

180   Bernard, *A History of Christian Doctrine, Vol 1*, 25.

181   Rodney Stark, *The Rise of Christianity: A Sociologist Reconsiders History* (New Jersey: Princeton University Press, 1996), 180-184.

데 하나는 처음부터 그는 서신을 대중성을 가지고 기록했다는 점이다. 특정한 지역과 특정한 대상을 상대로 기록했지만 서신의 내용이 담고 있는 의미는 대중성의 색채를 띠고 있었다. 교회에 대한 일치의 관점을 가지고 서신을 썼던 것이다. 이것은 이그나티우스가 있었던 속사도 교부시대의 공통된 특징이기도 했다. 이그나티우스는 당시 교부들이 가지고 있었던 교회에 대한 '하나'의 개념을 더욱 발전시킨 '그리스도'의 관점을 강력하게 제시한 교부였다. 그의 순교 신학이 이를 뒷받침하고 있다. 그는 교회와 감독의 일치를 몸의 지체적인 측면에서 바라본다. 그리고 그리스도는 머리로서 몸을 이루고 있는 교회와 일치를 이룬다. 그리스도를 중심으로 한 그의 신학과 사상은 핍박에 따른 고난과 교리적 갈등, 그리고 세속 가운데 놓여진 교회의 갈등에 따른 문제를 해결하는 연결점이었다. 「서머나 인들에게」 보낸 서신에서 밝힌 '보편교회'는 아우구스티누스(Augustinus, 354-430)보다 앞선 교회론의 교리적 제시였다.[182] 그 핵심은 '그리스도'였다.

일곱 서신의 인사말에 공통으로 등장했던 '데오포로스'는 '그리스도'를 변증하고 있다. 이그나티우스가 일곱 서신에서 '그리스도'를 유독 강조하고 있었던 이유는 그의 신앙과 신학의 근거가 '그리스도'였기 때문이다. 그리고 또 하나 중요한 이유는 「에베소 인들에게」 보낸 서신의 제7장에서 드러나고 있다. '그리스도'를 우리의 모든 갈등을 치

---

182  Ignatius, "To the Smyrnaeans," 8:2, 115.

료하는 '의사'로 여기고 있었던 것이다.[183] 그리스도의 직분 가운데 고난과 희생, 그리고 헌신을 대변하고 있는 '제사장의 직분'을 강조했던 이그나티우스에게 또 하나 중요한 것은 십자가와 관련한 '순교 신학'과 '성찬'이었다. '성찬'은 '순교 신학'과 '감독직'과 연결된다. '성찬'은 영지주의 이단과 갈등에 따른 구별점이기도 했다. 영지주의자들은 자신들이 사도적 전승을 이어가는 자들로 여기며 교회 가운데 갈등을 일으켰다. 이때 이그나티우스는 감독론으로 여기에 대한 갈등을 봉합한다. 감독은 사도들에게 거슬러 올라가는 보증이었으며, 영지주의자들이 거부하는 성찬의 집례를 행하는 적격자였다.

그는 율법을 앞세운 유대주의 이단과 영지주의 이단이 교회 속에서 일으키고 있는 갈등에 대해 그리스도와 관련된 기독론을 제시한다. 이그나티우스는 그리스도의 고난과 죽으심을 아버지의 뜻에 순종하는 중보자의 모습으로 비춰낸다. 그리고 부활은 십자가를 따르는 신앙에 대한 갈등의 답이었다. 이런 그리스도를 따르는 순교의 신앙을 통해 본연의 갈등으로부터 벗어나게 한다. 교부학자였던 J. N. D. 켈리는 자신의 저서 「초기 기독교 교부들」에서 영지주의가 기독교의 전통을 휩쓰는 선두에 있었음에도 불구하고 교회 속에서 성공하지 못한 이유를 이렇게 설명한다. "하나님의 아들이 진정으로 사람이 되었다

---

183  Ignatius, "To the Ephesians," 7:2, 90.

는 가르침을 흔들림 없이 고수했기 때문입니다."[184] 여기에 대해 가장 두드러진 예가 이그나티우스에 의해 제시되고 있었다고 J. N. D. 켈리는 증언한다.[185]

교리에 따른 이단과의 갈등, 일치를 이루기 위한 갈등, 로마 정부로부터 가해져 오는 갈등, 이 모든 갈등은 교회와 관련되어 있었다. 이 사실을 누구보다 잘 알고 있었던 이그나티우스는 '그리스도'를 중심에 두면서 갈등에 대한 답을 주고 있었다. 특히 「에베소 인들에게」 보낸 서신 제5장에서 거론되고 있는 "교회밖에는 구원이 없다"는[186] 교리적 제시는 그리스도를 향한 신앙의 본질을 그대로 표현하고 있었다. 그리고 '교회의 속성론'과 '감독 중심론', 그리고 '참된 그리스도인의 신앙론'은 그리스도를 중심에 세워서 펼쳐나갈 갈등에 대한 답이었다. 이그나티우스의 일곱 서신에 나타난 갈등은 넘어지는 자의 표상이 아니었다. 그가 밝히고 있고, 제시하고 있는 갈등의 문제는 그리스도 안에서 승화시켜 나가야 할 신앙이었고, 신학이었다. 이것을 그는 통전적인 '그리스도론'을 통해 제시하고 있었다.

이그나티우스의 갈등에 대한 연구는 이 시대를 다시 한 번 더 조명하게 한다. 이그나티우스가 제시하고 있는 신학과 사상은 갈등을 단순

---

**184** Kelly, *Early Christian Doctrines*, 142.

**185** Kelly, *Early Christian Doctrines*, 142-143.

**186** Ignatius, "To the Ephesians", 5:2, 89.

히 봉합하는 방식의 제시가 아니었다. 그는 우리의 신앙과 근본에 대해 질문하고 있다. 그리고 상황적인 요소에 대해 타협하여 합의점을 찾을 것이 아니라 진리를 끝까지 추구하며 갈등을 해소해 나가도록 요구하고 있다. 이 시대 만연해지고 있는 편법적인 신앙과 신학에 대해 경종을 울려주고 있다. 그의 '그리스도론'이 교회론과 감독론, 그리고 순교에 따른 '신앙론' 등으로 이어지는 것은 우리로 하여금 세 가지 측면의 갈등으로부터 분명한 길을 걷도록 한다. 1) 신앙 절충주의로 일어나는 갈등이다. 이그나티우스는 이것을 오직 진리의 길만을 바라보며 영적인 갈등의 요소를 이겨나가게 한다. 2) 철학적 사고와 지식을 앞세운 신학에서 오는 갈등이다. 이그나티우스는 모든 신학과 사상적 요소를 그리스도론을 출발점으로 하여 갈등적 요소를 이겨나가도록 한다. 3) 다양한 종교와 타락한 문화로부터 야기되는 갈등이다. 여기에 더해지는 이단들로 인한 신앙의 갈등이다. 이그나티우스는 바른 교리를 통해 이것을 극복하도록 한다. 그리고 교회로 하여금 신학과 사상에 대해 일치를 이루어 이것을 이겨내도록 한다. 이와 같이 갈등의 실마리를 '그리스도'로부터 출발하여 일치를 이루게 하는 이그나티우스의 신학과 사상은 우리로 하여금 신앙과 신학이 어디로부터 시작해야 갈등을 해소할 수 있는지 그 답을 주고 있다.

## 저자소개 [ 조윤호 ]

하나님의 말씀을 사모하는 조윤호 박사는 하나님의 부르심 앞에 늘 순종하는 종으로 세워지길 갈망하며, 성경의 바른 가르침과 교리의 바른 가르침을 위해 목회자로서, 신학자로서, 가르치는 사역을 함께 이어가고 있다. 2011년 6월 11일 신명기 27장과 28장의 말씀을 바탕으로 "그리심교회"를 개척하여 현재 동 교회의 담임목사로 섬기고 있으며, 고신대학교 여신원에서 교의학을 강의하고 있다. 대학에서 경영학을 전공한 조윤호 박사는 총신신대원을 졸업한 후, 총신대학교에서 기독론으로 석사(Th.M.) 학위를 받았으며("위격적 연합에 따른 성육신의 비하성"), 고신대학교에서 박사학위(Ph.D.)를 취득하였다("둘째 아담 그리스도의 세 가지 직분론 - 교리사적 고찰과 창조론에 근거한 교의학적 연구").

개혁주의 신학을 앞세우며, 진리의 증인이 되길 원하는 조윤호 박사는 "진리의 말씀"을 가르치고, "진리의 복음"을 증거하며, "그리스도의 문화"를 세상 가운데 흘려보내는 사명을 감당하고 있다. 말씀과 기도의 무릎으로 자신을 돌아볼 뿐만 아니라 말씀의 삶을 추구하기를 기뻐하며, 하나님의 형상을 돌아보는 사역을 게을리하지 않고 있다. 저서로써는 『그리스도의 세 가지 직분: 둘째 아담 그리고 창조회복』(CLC)이 있으며, "워필드의 'The Higher Life' 성화 교리에 대한 비판"에서부터 "헤르만 바빙크의 중보자 그리스도의 삼중직 이해: 창조회복으로서의 구원에 중점을 두고"까지 여러 편이 KCI 논문에 등재되어 있다.

현재 개혁주의학술원에 이사로 등록되어 있으며, 신학회 회원으로 활동하고 있다. 그리고 동서방 기독교문화연구회 임원으로서 초대교부들의 신학과 사상 그리고 그들의 삶에 대해 연구 중에 있다. 특히 이그나티우스에 대해 여러 편의 논문을 연구 발표했으며, 진행 중에 있는 연구들은 학회뿐만 아니라 학문적으로도 귀중한 자료가 되고 있다. 이그나티우스에 대해 관심을 가지는 신학자, 목회자 또는 신학생들은 계속되는 동서방 기독교문화연구회의 시리즈에 등장하는 이그나티우스를 기다려야 할 것이다.

# 참고문헌

김영한 | "현대판 유대주의 기독교의 구원론에 대한 비판적 성찰- 종교개혁적
구원론의 관점에서." 「한국개혁신학」 제28권 (2010): 8-34.

이윤석 | "그리스도의 충만과 성화: 존 머레이의 주장을 중심으로."
「한국개혁신학」 제55권 (2017): 276-301.

우병훈 | "참된 교회의 감춰져 있음- 루터 교회론의 한 측면." 「한국개혁신학」
제55권 (2017): 69-110.

조윤호 | "요한 크리소스톰의 사상에 나타나는 창조회복에 따른 그리스도의
직분론 이해." 「개혁논총」 제49권 (2019): 153-195.

바실리아디스, 니콜라오스 | 『죽음의 신비』. 박용범 역. 서울: 정교회출판사, 2010.

Bavinck, Herman | *Reformed Dogmatics Vol. 2*. Grand Rapids: Baker
Academic, 2004.

Berkhof, Louis | *The History of Christian Doctrines*. London: Banner of

Truth, 1991.

Bernard, David K | *A History of Christian Doctrine. Vol 1.* Hazelwood: Word Aflame Press, 1995.

Bethune-Baker, James | *An Introduction to the Early History of Christian Doctrine.* Cambridge: Fellow and Dean of Pembroke College, 1903.

Bettenson, Henry | ed., *The Early Christian Fathers.* New York: Oxford University Press, 2010.

Calvin, John | *Institutes of the Christian Religion* 2. ed. John McNeill. trans. Ford Lewis Battles. Philadelphia: Westminster Press, 1960.

Clement of Rome, "Commonly Called Clement's First Letter", in *Early Christian Fathers* | ed. Cyril. C. Richardson. Louisville KY: Westminster John Knox Press, 2006.

Colle, Ralph Del | *Christ and the Spirit: Spirit-Christology in Trinitarian Perspective.* New York: Oxford University Press, 1994.

Dassmann, Ernst | *kirchengeschichte I.* 하성수 역. 『교회사 Ⅰ』. 왜관: 분도출판사, 2007.

Drobner, H.R | *The Fathers of The Church: A Comprehensive Introduction.* 하성수 역.『교부학』. 왜관: 분도출판사, 2015.

Frank, Karl Suso | *Lehrbuch der Geschichte der Alten Kirche.* 하성수 역.『고대 교회사 개론』. 서울: 가톨릭출판사, 2008.

Franzen, August | *Kleine Kirchengeschichte.* Germany: Verlag Herder, 1965.

Genderen J. van & Velema, W. H | *Beknopte Gereformeerde Dogmatiek.* 신지철 역.『개혁교회 교의학』. 서울: 새물결플러스, 2018.

Hägglund, Bengt | *History of Theology.* 박희석 역. 『신학사』. 서울: 성광문화사, 2014.

Hagner, Donald A | *World Biblical Commentary: Vol. 33a, Matthew 1-13.* Colombia: Word Incorporated, 1993.

Hamman, Adalbert | *How to Read the Church Fathers.* London: SCM Press LTD, 1993.

Hartog, Paul A | "Imitatio Christi and Imitatio Dei: High Christology and Ignatius of antioch's Ethics." *Perichoresis* 17.1(2019): 3-22.

Ignatius | "To the Ephesians." in *Early Christian Fathers.* ed. Cyril. C. Richardson. Louisville KY: Westminster John Knox Press, 2006.

_____ | "To the Magnesians." in *Early Christian Fathers.* ed. Cyril. C. Richardson. Louisville KY: Westminster John Knox Press, 2006.

_____ | "To the Trallians." in *Early Christian Fathers.* ed. Cyril. C. Richardson. Louisville KY: Westminster John Knox Press, 2006.

_____ | "To the Romans." in *Early Christian Fathers.* ed. Cyril. C. Richardson. Louisville KY: Westminster John Knox Press, 2006.

_____ | "To the Philadelphians." in *Early Christian Fathers.* ed. Cyril. C. Richardson. Louisville KY: Westminster John Knox Press, 2006.

_____ | "To the Smyrnaeans." in *Early Christian Fathers.* ed. Cyril. C. Richardson. Louisville KY: Westminster John Knox Press, 2006.

_____ | "To Polycarp." in *Early Christian Fathers.* ed. Cyril. C. Richardson. Louisville KY: Westminster John Knox Press, 2006.

Irenaeus, Bishop of Lyons | "The Refutation and Overthrow of the Knowledge Falsely So Called." in *Early Christian Fathers.* ed. Edward Rochie Hardy. Louisville KY: Westminster John Knox Press, 2006.

Kelly, J. N. D | *Early Christian Doctrines.* London: Adam & Charles Black, 1968.

Klotsche, Emst H | *The History of Christian Doctrine.* 강정진 역. 『기독교

교리사』. 서 울: 기독교문서선교회, 2002.

Klutz, Todd │ "Paul and the development of gentile Christianity." in *The Early Christian World*. ed. Philip F. Esler. Routledge, 2002.

Kobusch, Theo │ *Christliche Philosophie: Entdeckung der Subjektivität*. 김형수 역.『그리 스도교 철학: 주체성의 발견』. 서울: 가톨릭출판사, 2020.

Lubac, Henri de │ *La mystique et l'anthropologie dans le christianisme*. 곽진상 역. 『그리스도교 신비사상과 인간』. 화성시: 수원가톨릭대학교 출판부, 2016.

MacCulloch, Diarmaid │ *A History of Christianity: The First Three Thousand Years*. 박창훈 역. 『3천년 기독교 역사 Ⅰ: 고대사』. 서울: 기독교문서선교회, 2013.

Maier, Harry O │ "The Politics of the silent Bishop: silence and persuasion in Ignatius of Antioch," *The Journal of Theological Studies*, 55(2004): 503-519.

McGinn, Bernard │ *The Foundations of Mysticism: Origins to the Fifth Century*. 엄성 옥 역. 『서방 기독교 신비주의의 역사(1)』. 서울: 은성출판사, 2015.

McGrath, Alister │ *Historical Theology: A History of Christian Thought*. 소기천 외 3인 역. 『신학의 역사: 교부시대에서 현대까지 기독교 사상의 흐름』. 경기도: 知와 사랑, 2016.

Mondin, Battista │ *Storia della Teologia I*. 조규만 외 3인 역. 『신학사 1』. 서울: 가톨릭출판사, 2012.

Oulton, J. E. L │ *Alexandrian Christianity*. Louisville KY: Westminster John Knox Press, 2006.

Pagels Elaine and L. King, Karen │ *Reading Judas: the gospel of judas and the shaping of christianity*. New York: Viking Press, 2007.

Pamphilus, Eusebius | *The Ecclesiastical History of Eusebius Pamphilus.* trans. C. F. Cruse. Oregon: Watchmaker Publishing, 2011.

Pelikan, Jaroslav | *The Emergence of the Catholic Tradition(100-600).* Chicago: The University of Chicago, 1971.

Placher, William C | *A History of Christian Theology: An Introduction.* Kentucky: Westminster John Knox Press, 1983.

Polycarp, "To the Philippians."in *Early Christian Fathers* | ed. Cyril. C. Richardson. Louisville KY: Westminster John Knox Press, 2006.

Richardson, Cyril. C | ed. *Early Christian Fathers.* Louisville KY: Westminster John Knox Press, 2006.

_____ | Richardson, Cyril C. "The Church in Ignatius of Antioch." in *The Journal of Religion.* 17(1937): 428-443.

Ritter, A. M | *Kirchen-und Theoolgiegeschichte in Quellen: Alte Kirche.* 공성철 역. 『고대교회 : 교회와 신학의 역사 원전』. 서울: 한국신학연구소, 2019.

Schaff, Philip | *History of the Christian Church Vol. II.* New York: Charles Scribner's Sons, 1922.

Schmid, P. Bernhard | *Grundlinien der Patrologie.* 정기환 역. 『교부학 개론』. 서울: 도서출판 콘트롤디아사, 2003.

Stark, Rodney | *The Rise of Christianity: A Sociologist Reconsiders History.* New Jersey: Princeton University Press, 1996.

Walker, Williston | *A History of Christin Church.* New York: Charles Scribner's Sons, 1922.

요한 크리소스톰과 영혼의 병과 치료

EARLY CHURCH

# 요한 크리소스톰과 영혼의 병과 치료

## - 고대 철학과 의학 관점에서의 최신연구 둘러보기[1] -

배정훈 박사(고신대학교 신학과, 교회사)

## I. 들어가는 말: 여전히 불안한 현대인들

2013년부터 마이어(Wendy Mayer)를 중심으로 한 세계 여러 학자들의 공조로 초대교회 종교 갈등(religious conflict)이 체계적으로 연구

---

1 　본 논문은 브릴(Brill)에서 출판 된 본인의 책의 서론 일부분을 번역, 보완한 것이다. Junghun Bae, *John Chrysostom on Almsgiving and the Therapy of the Soul*, Patristic Studies in Global Perspective 1 (Paderborn: Brill, 2021), 32-38.

되고 있다.[2] 이들은 종교와 관련된 두 집단 이상의 종교, 정치, 사회, 경제, 문화, 신학, 사상 등에서의 다양한 충돌과 대립을 분석하였다. 이러한 연구에서 그리스-로마 전통 종교와 기독교, 로마제국의 박해, 이단의 위협, 기독교 분파간의 갈등, 교리 논쟁, 고대 후기 지도자들의 권력 다툼과 같은 주제들이 주로 다뤄졌다.[3] 우리 동서방 기독교 문화연구회는 국제학계의 성과를 발판삼아 한 걸음 더 나아가고자 한다. 크게 두 가지 면에서 차별성을 두는데 먼저는 연구범위를 초대교회 갈등 전반으로 넓히며 한국의 교회와 사회를 염두에 두고 연구를 진행하는 것이다. 우리의 연구가 국내외 학계에 기여할 뿐만 아니라 한국적인 상황에 주는 함의점 또한 찾으려고 시도할 것이다. 교부연구에서 과거에 일어난 사건 혹은 사상 등에 관한 학문적인 연구와 함께 그것이 오늘날의 우리의 삶에 어떤 의미를 주는지 파악하는 작업 모두 중요하다.

지금까지의 갈등연구는 주로 외적인 측면을 강조해왔는데 필자는 여기서 인간 내면의 갈등, 즉 영혼의 병에 주목하고자 한다. 오늘날의 많은 현대인들은 우울증, 공황 장애와 같은 정신적인 문제로 큰 어려

---

2    대표적인 연구서는 다음과 같다. Mayer, *Religious Conflict* (Berlin: De Gruyter, 2013); Mayer, *Reconceiving Religious Conflict* (London: Routledge, 2018).

3    Wendy Mayer, "Religious Conflict: Definitions, Problems, and Theoretical Approaches," in *Religious Conflict*, 2-5; Wendy Mayer, "Re-Theorizing Religious Conflict: Early Christianity to Late Antiquity and Beyond," in *Reconceiving Religious Conflict*, 6-11.

움을 겪고 있다. 과거에 비해 과학과 기술은 발전했을지 모르나 우리
는 더 큰 근심과 걱정, 불안에 시달리고 있다. 이는 교회 안에서도 마
찬가지이다. 신자들 가운데 우울증을 앓고 있는 사람들이 의외로 많고
안타깝게도 극단적인 선택을 하는 경우도 종종 볼 수 있다. 마음의 병,
즉 영혼의 병은 현대뿐만 아니라 고대에서도 중요한 사회적 이슈였다.
고대에서의 삶은 현대보다 훨씬 더 불안요소가 많았기 때문이다. 초대
교회는 이 문제를 어떻게 인식하고 다루었을까? 당시에 유행하고 있
던 그리스-로마 심리치료와 교회의 치료는 어떤 관계가 있었을까? 그
리고 교부들의 방법이 오늘날에도 여전히 유용한가?

　　최근 교부학계에서 고대후기 종교(기독교), 의학, 철학 간의 학제
적 연구가 새로운 한 연구방법론으로 떠오르고 있다.[4] 물론 그 초점
이 아직 의학지식과 이론의 전용에 있기는 하지만 초대 기독교 저술가
들에게 자주 등장하는 영혼과 몸, 즉 통전적인 치료에 대한 관심이 계
속적으로 증가하고 있다.[5] 고대 의료사 학자들은 4세기 기독교 공인

---

4　　이 학제 간 융합연구는 필자가 속해 있는 국제연구그룹
　　　"ReMeDHe"(Working Group for Religion, Medicine, Disability, and
　　　Health in Late Antiquity)를 통해 이루어지고 있다. 이 그룹은 교부학계
　　　에서 중요한 학회인 북미교부학회(NAPS), 옥스퍼드학회(OPC), 미국
　　　성서학회(SBL), 아시아·태평양 초대교회사 학회(APECSS), 유럽성서
　　　학회(EABS)등에 매년 독립 세션을 만들어 운영하고 있다.

5　　대표적인 연구들은 다음과 같다. 고대의학: Vivian Nutton, *Ancient
　　　Medicine* (London: Routledge, 2004); Philip J. van der Eijk, *Medicine and
　　　Philosophy in Classical Antiquity. Doctors and Philosophers on Nature, Soul,*

이후로 의학의 발전은 정체, 심지어 퇴보되었다고 주장하였다.[6] 하지

*Health and Disease* (Cambridge: Cambridge University Press, 2005); Brooke Holmes, "Disturbing Connections: Sympathetic Affections, Mental Disorder, and the Elusive Soul in Galen," in *Mental Disorders in the Classical World*, ed. William V. Harris (Leiden: Brill, 2013), 147-76. 고대의학과 초기 기독교: Timothy S. Miller, *The Birth of the Hospital in the Byzantine Empire* (Baltimore: Johns Hopkins University Press, 1997); Teresa M. Shaw, *The Burden of the Flesh: Fasting and Sexuality in Early Christianity* (Minneapolis, MN: Fortress Press, 1998); Anne E. Merideth, "Illness and Healing in the Early Christian East" (Ph.D. diss., Princeton University, 1999); Andrew T. Crislip, *From Monastery to Hospital: Christian Monasticism and the Transformation of Health Care in Late Antiquity* (Ann Arbor: University of Michigan Press, 2005); Gary B. Ferngren, *Medicine and Health Care in Early Christianity* (Baltimore, MD: Johns Hopkins University Press, 2009); Andrew T. Crislip, *Thorns in the Flesh: Illness and Sanctity in Late Ancient Christianity* (Philadelphia, PA: University of Pennsylvania Press, 2013); Gregor Emmenegger, *Wie die Jungfrau zum Kind kam: zum Einfluss antiker medizinischer und naturphilosophischer Theorien auf die Entwicklung des christlichen Dogmas* (Fribourg: Academic Press Fribourg, 2014). *Journal of Late Antiquity* 2015년 8권 2호와 *Studies in Late Antiquity* 2018년 2권 4호가 이 주제를 특집으로 다루었다. 관련 국내 연구는 2020년에 출판되었다. 남성현, 『병원의 탄생과 발전 그리고 기독교 영성의 역할』 (서울: CLC, 2020).

6  Marx-Wolf, "The State of the Question," 257-58. 참고. Peter van Minnen, "Medical Care in Late antiquity," in *Ancient Medicine in its Socio-Cultural Context*, vol. 1, ed. Philip J. van der Eijk, H. F. J. Horstmanschoff, and P. H. Schrijvers (Amsterdam: Rodopi, 1995), 153-69. 에드워드 기번 (Edward Gibbon)은, *History of the Decline and Fall of the Roman Empire*, 7 vols (London: Penguin, 1902), 로마 중·후기의 역사를 퇴보의 역사로 이해하였다.

만 최근에는 고대후기 기독교의 성장으로 로마문화가 대체되어 가는 과정 중에 의학 역시 변혁, 발전되었음이 밝혀졌다. 의학지식과 기술의 발전과 확산, 의학서적과 백과사전의 편찬, 의료시설과 서비스 등이 활발하게 이루어졌다는 것이다. 특히 병원의 설립과 의료적 돌봄은 기독교 구제와 관련되었기 때문에 고대후기에 크게 성장하였다. 최근 고대후기 종교와 의학간의 연구는 의학사적 관점에서 로마 후기는 공백기가 아닌 성장과 발전기로 규정할 수 있음을 보여주었다.[7]

이 글은 고대 철학적-의학적 치료관점에서 동방교회 지도자인 요한 크리소스톰(John Chrysostom, c.349-407 C.E.)의 사상과 작품에 대한 최근의 새로운 연구들을 체계적으로 분석하고자 한다. 요한에게서도 병과 치료라는 의학적 메타포가 자주 등장하는데 학자들은 그가 고대의 관점에서 '영혼의 의사'(physician of the soul)였으며 그의 모든 목양사역은 궁극적으로 신자들의 영혼과 몸의 건강을 위한 것이었다고 주장하였다. 필자는 지금까지의 연구경향으로 인해 주로 엄밀하게 말하면 요한이 어떻게 고대 철학적 치료(ancient philosophical therapy)를 사용했는가에 초점을 맞추고 있다.[8] 이 사상과 실천은 플

---

7    Marx-Wolf, "The State of the Question,"258-63;  Wendy Mayer, "Medicine and Metaphor in Late Antiquity: How Some Recent Shifts are Changing the Field," *Studies in Late Antiquity* 2 (2018), 440-63.

8    헬라철학 사상이 요한에게 준 영향에 대한 최근의 포괄적인 연구는 다음을 참고하라. Paschalis Gkortsilas, "John Chrysostom and the Greeks:

라톤(Plato, c.427-347 B.C.E.)에서 헬라철학 학파에 이르기까지 오랜 세월동안 발전된 도덕철학이다. 이 때의 철학은 단지 논리와 탐구가 아니라 궁극적으로 삶에 초점이 있었다. 어떻게 하면 행복하게 살 수 있고 참된 인간성을 실현할 수 있는지에 대한 실천적인 훈련이다. 고대 철학자들은 인간의 욕망과 잘못된 생각을 영혼(마음)의 병으로 규정하고 이에 대한 여러 인식적, 행동적 치료법들을 개발하였다.[9]

---

Hellenism and Greek Philosophy in the rhetoric of John Chrysostom" (Ph.D. diss., University of Exeter, 2017).

9  주요 연구는 다음과 같다. Nussbaum, *The Therapy of Desire*; Pierre Hadot, *Philosophy as a Way of Life: Spiritual Exercises from Socrates to Foucault*, ed. Arnold I. Davidson, trans. Michael Chases (New York: Blackwell 1995); Richard Sorabji, *Emotion and Peace of Mind: From Stoic Agitation to Christian Temptation* (Oxford: Oxford University Press, 2000); Antigone Samellas, *Death in the Eastern Mediterranean (50-600 A.D): The Christianization of the East: An Interpretation* (Tübingen: Mohr Siebeck, 2002), 70-115;  Simo Knuuttila, *Emotions in Ancient and Medieval Philosophy* (Oxford: Clarendon, 2004); John T. Fitzgerald, ed., *Passions and Moral Progress in Greco-Roman Thought* (London: Routledge, 2007); Christopher Gill, "Philosophical Therapy as Preventive Psychological Medicine," in *Mental Disorders in the Classical World*, ed. William V. Harris (Leiden: Brill, 2013), 339-60; Michael Dörnemann, "Einer ist Arzt, Christus: Medizinales Verstandnis von Erlosung in der Theologie der griechischen Kirchenvater des zweiten bis vierten Jahrhunderts," *Journal of Ancient Christianity* 17 (2013), 102-24. 이 책은 이전의 그의 책을 발전시킨 것이다. Dörnemann, *Krankheit und Heilung in der Theologie der frühen Kirchenväter* (Tübingen: Mohr Siebeck, 2003). 국내 연구로는 다음을 참고하라. 전광식, "'영혼의 병고치기' 또는 '영혼의 밭갈기'로서의 철학: 후기 고대 동방과 서방에서의 철학의 목적론적 개념

학자들은 직간접적으로 크리소스톰이 이러한 영혼 치유학 (psychagogy)을 얼마나 반영하고 있는지를 설명하였다. 이 분야의 문헌고찰은 마이어에 의해 이루어졌지만 아직까지 국내에서는 이러한 작업은 없다.[10] 필자는 여기서 국내 교부학계에 최신의 크리소스톰 연구경향을 소개할 뿐만 아니라 마이어의 분석 이후에 출판된 연구서들을 추가하여 보완하고자 한다. 또한 지금까지의 연구경향 고찰을 바탕으로 앞으로의 연구를 위한 몇 가지 제안을 제시할 것이다. 본 글에서 고대 영혼 치유학, 철학적 치료, '철학(수사학)-의학적 치료학'(philosophical(rhetorical)-medical therapeutics) 등은 동의어로 사용된다. 고대세계에서 철학과 의학, 몸과 영혼은 엄밀하게 분리되지 않았다. 두 학문은 서로 영향을 주고받으며 통전적인 치료를 위한 한 체계를 형성하였다.[11] 따라서 요한의 의학화 된 담론을 어떤 용어로 부르든지 간에 이는 크게 틀린 것이 아닐 것이다.

---

과 문화사적 의의," 「대동철학」 57 (2011), 239-62.

10    Wendy Mayer, "John Chrysostom: Moral Philosopher and Physician of the Soul," in *John Chrysostom: Past, Present, Future*, ed. Doru Costache and Mario Baghos (Sydney: AIOCS Press, 2017), 193-216. 크리소스톰 가난연구에 대한 선행연구 고찰을 위해서는 다음의 논문을 참고하라. 배정훈, "*Status Quaestionis*: 요한 크리소스톰 가난 연구의 과거, 현재, 미래," 「역사신학논총」 36 (2020), 47-85.

11    Van der Eijk, *Medicine and Philosophy*; Holmes, "Disturbing Connections," 147-76; Emmenegger, *Wie die Jungfrau zum Kind kam.*

이 연구는 크게 병과 치료라는 범주로 구성될 것이다. 우선적으로 요한에게 있어서 영혼의 병의 정의와 원인를 다룬 연구를 분석하고 그 뒤 치료를 인지적, 행동적 치료로 나누어 살펴볼 것이다. 물론 이 구분이 완전하지 않고 때때로 한 연구가 여러 범주에 관련 될 수도 있지만 4세기 후반의 동방교회 지도자의 기독교적인 목회적 돌봄의 방법의 전반적인 모습을 파악하는데 도움을 줄 것이다.

## II. 요한에게서 마음의 병, 치료, 건강

### 1. 영혼의 병: πάθη

영혼의 건강문제를 다루면서 요한은 인간의 πάθη를 중요하게 생각했다. 이는 고대 철학자들도 마찬가지였다. 원형인 πάθος는 정확하게 번역하기 힘든 용어인데 감정, 격정, 욕망, 정욕 등으로 다양하게 이해할 수 있다. 일반적으로 감정이라고 이해하지만 현재의 이해와는 다르다. 고대세계에서 πάθη는 대부분 부정적인 의미를 가졌다.[12] 소러비(Richard Sorabji)는 그리스 철학의 감정개념이 교부들에 의해 기독교

---

12    John T. Fitzgerald, "The Passions and Moral Progress: An Introduction," in *Passions and Moral Progress*, 2-5

의 죄론과 통합되었다고 주장한다.[13] 요한에게서도 이와 비슷한 현상이 나타나는데 실제로 죄(ἁμαρτία), 정욕(πάθη), 욕망(ἐπιθυμία), 악덕(κακία), 악행(κακά)이 그의 작품에서 상호 교환적으로 사용된다. 그는 사랑, 두려움, 희망, 시기, 화, 슬픔 등의 감정뿐만 아니라 탐심, 시기, 헛된 영광, 음담패설 등 다양한 죄와 욕망의 본질과 특징을 분석했다. 요한에 따르면 πάθη가 죄와 관련될 때 그것은 영혼의 병이다. 감정의 경우 절제되지 않고 과도해지면 마음에 동요를 일으킨다.[14]

요한은 육신의 병과 관련된 다양한 고대의 의학전문용어로 이러한 영혼의 병을 정의한다. 탐욕, 사치, 쾌락, 과시, 간음, 적대감, 고리대금업 등은 영혼의 건강을 심각하게 위협하는 영적인 병(νόσημα, νόσος)으로 지칭된다. 탐욕은 또한 감기(fever, πυρετός)에 비유된다. 탐욕

---

13   Sorabji, *Emotion and Peace of Mind*.

14   배정훈, "구제와 영혼의 치유에 대한 존 크리소스톰의 사상 연구: 그의 마태복음 설교를 중심으로," 「성경과 신학」 88 (2018), 126-26. Cf. M. G. de Durand, "La colere chez S Jean Chrysostome," *Revue des sciences religieuses* (이하 *RevScRel*) 67 (1993), 61-77; Chris L. de Wet, "John Chrysostom on Envy," *Studia Patristica* (이하 *SP*) 47 (2010), 44-49; Lee Blackburn, "'Let the Men be Ashamed': Public Insults, Angry Words, and Figures of Shame in Chrysostom's Homilies on Acts," *SP* 47 (2010), 295-300. 2017년에 출판된 SP 83권은 교부들의 감정연구에 할애되었는데 많은 부분이 요한과 감정에 관한 것이다. 이 논문에서 분석되는 거의 대부분은 논문은 사실상 πάθη에 관한 것이다. 2020년 말에 크리소스톰의 감정에 관한 연구서가 출판 되었다. Blake Leyerle, The Narrative Shape of Emotion in the Preaching of John Chrysostom (Berkerley: University of California Press, 2020).

의 감기에 걸린 사람은 열이 있는 사람이 몸에 해로운줄 알면서도 찬물을 마시는 것과 같이 부가 영혼의 상태를 악화시킴에도 불구하고 끊임 없이 부를 갈망하게 된다. 교만은 영적인 병이자 종양(ὄγκος)으로 불린다. 요한은 높은 권력을 자랑하는 사람의 영혼이 부은 방광(φύσῃ σπωμένῃ)처럼 부풀어 올랐고 수많은 수종(ὕδερον)과 염증(φλεγμονήν)으로 가득 차 있다고 비판한다.[15]

요한의 광기(μανία, madness)개념에 대한 연구들은 그가 죄, 정욕, 욕망 등을 육체적인 병 이외에 정신질환 용어를 사용한다는 것을 보여준다. 탐식은 곧 영적인 어리석음(ἄνοια)이다. 헛된 영광을 추구하는 사람은 미쳐서 날뛰는 정신병자(λύσσα, μανία)와 같다. 정신병 환자가 자신의 몸을 자해하는 것처럼 허영심에 가득 찬 영적 정신병 환자 는 금식, 기도, 구제와 같은 자신의 선행이 가져올 모든 유익을 스스로 완전히 파괴하기 때문이다.[16] 살렘(Claire E. Salem)에 따르면 요한은 죄를 정신병에 비유하면서 각 개인이 이에 대한 책임이 있다고 주장했다.[17] 영적인 환자는 병의 발병을 다른 곳으로 돌릴 수 없다. 마이어 역시 살렘의 논제를 지지한다. 그녀는 크리소스톰 사상에서 도

---

15    배정훈, "구제와 영혼의 치유," 125.

16    배정훈, "구제와 영혼의 치유," 126-28.

17    Claire E. Salem, "Sanity, Insanity, and Man's Being as Understood by St. John Chrysostom"(Ph.D. diss., University of Durham, 2010), 8-71.

덕적 결함, 즉 죄는 광기이며 이 영혼의 정신병은 자발적으로 발생하기 때문에 행위자가 잘못된 행동의 책임을 피할 수 없다고 주장한다.[18]

요한에 따르면 죄와 욕망 이외에도 이단 역시 영혼의 병에 걸린 자들이다. 레어드는 『하나님의 불가해성에 대해서』(De incomprehensibili dei natura)를 분석하면서 요한이 당시의 이단 아노모이안들(Anomoeans)의 영혼이 썩은 고름으로 병들어있다고 진단했다고 말한다. 그들은 또한 심각한 교만의 광기로 미쳐있다. 이 영적인 병의 원인은 그들의 뒤틀린 γνώμη(그노메)[19], 즉 하나님의 본성을 인간의 이성으로 완전히 이해할 수 있다는 교만한 생각에 있다. 설교, 기도, 사랑, 우정이 그들의 병에 대한 치료제로 처방된다. 이 치료제는 교만한 영혼을 다시 겸손하게 만든다.[20] 드 베트(Chris L. de Wet)는 말시온주의(Marcionism), 아리우스주의(Arianism), 마니교도들(Manichaeism), 유대인들(Jews)에 대한 요한의 비판을 탐구하였다. 요한은 병과 함

---

18  Wendy Mayer, "Madness in the Works of John Chrysostom: A Snapshot from Late Antiquity," in *Concept of Madness from Homer to Byzantium: Manifestations and Aspects of Mental Illness and Disorder,* ed. Helene Perdicoyianni-Paléologou (Amsterdam: Adolf M. Hakkert, 2016), 349-61.

19  Γνώμη는 사고방식, 생각, 성향 등으로 번역할 수 있다. 자세한 설명은 뒤에서 제시할 것이다.

20  Raymond Laird, "John Chrysostom and the Anomoeans: Shaping an Antiochene Perspective on Christology," in *Religious Conflict,* 135-39.

께 괴물(monster)의 언어와 이미지를 사용하여 이들 집단들을 정의함으로 주교의 권위를 높이고 정통 기독교와의 경계를 분명히 한다.[21]

병리학적 언어와 정체성 형성의 밀접한 관계는 판펠러(Courtney W. VanVeller)의 연구에서 더욱 분명하게 드러난다. 그녀는 크리소스톰이 바울의 모델을 사용하여 병과 건강의 관점에서 어떻게 정통교회의 정체성을 만들어 가는지를 자세하게 설명하였다. 요한에게 있어 바울은 유대인들을 그리스도에게로 인도하는 영혼의 탁월한 의사이다. 요한은 유대교로부터의 바울의 회심을 그의 영혼의 병의 치유로 해석한다. 또한 회심이후 지속적인 회당방문은 유대인들을 거짓된 유대종교로부터 이끌어내기 위한 고도의 맞춤전략(adaptability)이다. 그들에게 처음부터 그리스도를 직접적으로 가르칠 수 없기 때문에 기존의 익숙한 환경을 이용하는 것이다.[22] 바울은 유대인들의 심적인 부담을 덜어주기 위해 그들이 구약시대부터 누리고 있던 영적인 특권들을 강조하기도 한다. 그러나 유대인들의 영적인 상태는 상당히 심각하다. 판

---

21  Chris L. de Wet, "Paul and Christian Identity-Formation in John Chrysostom's Homilies *De laudibus sancti Pauli apostoli*," *Journal of Early Christian History* (이후 *JECH*) 3 (2013), 42-43; De Wet, "Paul, Identity-Formation and the Problem of Alterity in John Chrysostom's Homilies In epistulam ad Galatas commentarius," *Acta Theologica Supplementum* 19 (2014), 22-36.

22  Courtney W. VanVeller, "Paul's Therapy of the Soul: A New Approach to John Chrysostom and Anti-Judaism" (Ph.D. diss., Boston University, 2015), 51-63.

펠러에 따르면 로마서 9-11장의 바울의 주장에 기초하여 요한은 유대인들의 γνώμη가 집단적으로 병들어 있다고 주장한다. 그들의 마음은 완고하고 굳어져서 거의 회복되기 힘든 상태에 놓여있다. 요한은 유대인들의 병든 γνώμη가 전염의 위험성이 있기 때문에 건강한 그리스도인들의 공동체에는 잠재적인 위협이 된다고 경고하였고 정통교회의 정체성을 분명하게 세워나갈 것을 역설한다.[23]

마이어는『유대인에 대항하여』(*Adversus Iudaeos*)의 병과 치료의 의학적인 담론이 당시의 청중들에게 실제 어떤 영향을 주었는지를 살폈다. 그녀는 현대 뇌 과학(neuroscientific research)연구의 결과들, 그 중에서도 개념적 메타포 이론(Conceptual Metaphor Theory)와 도덕 근원 이론(Moral Foundation Theory)에 주목한다. CMT와 MFT는 각각 대표적으로 레이코프(George Lakoff)와 하이트(Jonathan Haidt)에 의해 발전한 이론들로 뇌 과학, 인지언어학, 도덕심리학에 걸쳐 인간의 결정과 행동이 어떻게 이루어지는지 설명한다. 이들 이론의 공통적인 주장은 인간의 이해와 인지는 전의식적인 수준에서 일어나며 도덕적 결정이 이성이 아닌 직관과 무의식에 지배를 받는다는 것이다. 뇌 과학자들은 미국의 정치를 예로 들면서 갈등의 상황 속에서 왜 이성

---

23  VanVeller, "Paul's Therapy of the Soul," 133-60. Cf. VanVeller, "John Chrysostom and the Troubling Jewishness of Paul," in *Revisioning John Chrysostom: New Approaches, New Perspectives*, ed. Chris L. de Wet and Wendy Mayer (Leiden: Brill, 2019), 32-57.

적인 사람들이 쉽게 비상식적이며 비합리적인 편 가르기에 빠지는 지를 설명하였다.[24] 마이어는 요한의 설교에 나타난 유대인에 대한 병리학적인 진단과 비판이 성도들의 뇌를 자극하여 비판의 강도가 훨씬 더 강하게 받아들여졌을 것이라고 추측한다.[25]

의학적인 메타포는 요한의 명예회복에도 사용되었다. 베리(Jennifer Barry)는 요한의 사후 얼마 지나지 않아 저술된 위-마르티리우스(Ps-Martyrius)의 장례설교를 분석하였다. 요한은 불명예스럽게

---

24   CMT: George Lakoff and Mark Johnson, *Metaphors We Live By*, 2nd ed. (Chicago: The University of Chicago, 2003); George Lakoff, *Don't Think of an Alephant!: Know Your Values and Frame the Debate: The Essential Guide for Progressives* (White River Junction, Vt.: Chelsea Green, 2004); Lakoff, *The Political Mind: Why You Can't Understand 21st-Century Politics with an 18th-Century Brain* (New York: Viking, 2008); Raymond W. Gibbs, "Evaluating Conceptual Metaphor Theory," *Discourse Processes* 48 (2011), 529-62. MFT: Jonathan Haidt, *The Rightous Mind: why Good People are Divided by Politics and Religion* (New York: Vintage Books, 2012); Jess Graham, Jonathan Haidt, Sena Koleva, Matt Motyl, Ravi Iyer, Sean P. Wojcik, and Peter H. Ditto, "Moral Foundation Theory: The Pragmatic Validity of Moral Pluralism," *Advances in Experimental Social Psychology* 47 (2013), 55-130.

25   Wendy Mayer, "Preaching Hatred?: John Chrysostom, Neuroscience, and the Jew," in *Revisioning John Chrysostom*, 58-136. 요한의 설교의 수행적인 효과(performative effect)에 대한 다른 연구들은 다음과 같다. Isabella Sandwell, "Preaching and Christianisation: Communication, Cognition and Audience Reception," in *Revisioning John Chrysostom*, 137-74; Jan R. Stenger, "Text Worlds and Imagination in Chrysostom's Pedagogy," in *Revisioning John Chrysostom*, 206-46.

정죄되어 귀향 중에 죽었는데 그의 초기 전기작가인 위-마르티리우스는 이 영웅의 명예를 복권하기를 원했다. 베리에 따르면 마르티리우스는 요한의 죽음 직후 그를 기리는 장례설교를 작성하여 요한의 병과 이단의 병은 다르다는 것을 보여주려고 했다. 의인과 이단 모두 병에 걸릴 수는 있지만 그 원인은 완전히 다르다. 의인은 의로움에도 고통을 받는 것이지만 이단의 병은 하나님의 징벌이다. 이를 설명하기 위해 마르티리우스는 황후 유독시아(the Empress Eudoxia)의 예를 든다. 베리는 마르티리우스가 유독시아의 2번에 걸친 유산과 그로 인한 죽음을 의인인 요한을 모함한데 대한 하나님의 심판으로 해석한다. 요한은 비록 불우한 죽음을 맞이했지만 그의 고난은 의인의 고난이기 때문에 그는 이단의 병에 걸리지 않았다.[26]

## 2. 병의 원인

마이어는 영적 광기의 병인학(psychic aetiology)에 대한 요한의 견해를 분석하여 이 병이 영혼의 불균형에서 기인한다는 것을 지적했다. 요한은 이성이 정욕을 통제해야 한다고 생각했는데 만일 이 균형과 질

---

26  Jennifer Barry, "Diagnosing Heresy: Ps.-Martyrius's Funerary Speech for John Chrysostom," *Journal of Early Christian Studies* (이후 *JECS*) 24 (2016), 395-418.

서가 깨어지면 신체적, 심리적인 병리증상들이 나타난다.[27] 죄의 욕망을 억제하지 못하는 것이다. 보시니스(Constantine Bosinis)가 지적하는 것처럼 요한은 자주 플라톤의 전차비유를 통해 영혼의 건강과 병을 설명한다. 『파이드로스』(*Phaedrus*)에서 플라톤은 영혼을 세 부분, 즉 이성혼(νοῦς), 기개혼(θυμός), 욕망혼(ἐπιθυμία)으로 구분하면서 영혼 전체를 전차에, 이 세 부분은 각각 마부와 두 말들에 비유한다. 전차가 잘 운행되기 위해서는 기개혼과 욕망혼이 이성의 통제를 받아야 한다. 플라톤은 이성의 명령을 고분하게 따르는 기개혼과는 달리 제멋대로인 욕망혼은 그 턱이 피로 물들 정도로 세게 잡아당겨야 한다고 말한다. 욕망혼이 이성의 지배를 거부할 때 영혼의 평정이 깨어지게 된다. 크리소스톰은 이 비유를 차용할 때 이성의 역할을 강조하면서도 이것을 가능하게 하는 궁극적인 원동력으로 성령을 제시한다.[28] 그는 이성만으로는 죄의 힘을 이길 수 없다고 믿었다.

레어드(Raymond Laird)는 크리소스톰 인간론에서의 γνώμη의 위치와 기능을 탐구하면서 잘못된 생각 혹은 사고방식이 영혼의 병이자 그 원인이 된다고 주장한다. Γνώμη는 마음, 생각, 의지, 성향, 판

27  Mayer, "Madness in the Works of John Chrysostom," 353-56.

28  Constantine Bosinis, "Two Platonic Images in the Rhetoric of John Chrysostom: 'The Wings of Love' and 'The Charioteer of the Soul'," *SP* 41 (2006): 436-38. Cf. Plato. *Phaedrus*. 246a. 8-9, 253c. 8 - 254d. 10.

단, 견해, 목적, 의도, 결정 등의 다양한 의미를 가진다.²⁹ 레이드에 따르면 이 중에서 사고방식(mindset)이 가장 적합한 번역이다.³⁰ 고대 철학적 치료에서 감정과 함께 중요하게 다뤄지는 대상은 바로 생각과 판단이다. 철학자들은 일반적으로 감정은 어떤 대상, 특별히 본인이 가치 있게 여기는 대상에 대한 판단과 생각에 기반 한다고 생각하였다. 아리스토텔레스(Aristotle, 384-322 B.C.E.)는 분노는 가족이나 가까운 사람이 부당한 일을 당했다고 판단되었을 때 일어나게 된다고 말한다.³¹ 이러한 메커니즘 속에서 만일 감정이 잘못된 생각에 근거해 있다면 그 감정은 병든 것이다. 영혼의 건강에서 중요한 것은 외부적인 환경이 아니라 내적인 상태이다.³² 레이드는 선택(προαίρεσις)을 도덕적 선택의 중심으로 간주한 기존의 입장, 특별히 노박(Edward Nowak)을 비판하면서 요한은 γνώμη가 영혼의 핵심적인 능력이며 이것이 태도, 욕망, 의지, 선택 등의 모든 다른 기능들을 통제한다고 논증하였다. 이런 점에서 죄와 도덕적 결함의 궁극적인 책임은 γνώμη

---

29    H. G. Liddell, R. Scott, and H. S. Jones. *A Greek-English Lexicon*, 9th ed. (Oxford: Clarendon Press, 1996), 354; G. H. W. Lampe (eds.), *Patristic Greek Lexicon* (Oxford: Clarendon Press, 1968), 317-18.

30    Raymond Laird, *Mindset, Moral Choice, and Sin in the Anthropology of John Chrysostom* (Strathfield, NSW: St. Pauls Publications, 2012).

31    Aristotle, *Rhetorica*, 2.2.1.

32    Gill, "Philosophical Therapy," 348-51.

에게 있다는 것이다. 영혼이 건강하기 위해서는 올바른 γνώμη를 형성해야 한다.[33] 레어드에 따르면 γνώμη의 중심성에 대한 요한의 강조는 리바니우스(Libanius, c.314-c.392 C.E.), 투키디데스(Thucydides, c.460-c.400 B.C.E.), 아리스토텔레스, 데모스테네스(Demosthenes, 384-322 B.C.E.)와의 비판적인 대화에서 형성되었다.[34]

무어(Peter Moore)는 크리소스톰의 인간론에서 γνώμη가 가장 핵심적인 기능이라는 레어드의 논제에서 한 걸음 더 나아간다. 그는 사고방식 보다는 '인생의 성향'(chosen life's orientation)을 γνώμη의 의미로 간주하면서 γνώμη의 변혁이 크리소스톰의 모든 설교방법의 핵심적인 원리라고 강조한다.[35] 인생의 방향이 어디에 있느냐가 핵심이라는 것이다. 요한은 자주 바울과 같은 성경인물들의 γνώμη를 구체적으로 재구성하였다. 그는 건강하고 튼튼한 모범적인 γνώμη에 지속적

---

33    Laird, *Mindset, Moral Choice, and Sin*, 26-112, 114-34, 221-56. Cf. Edward Nowak, *Le chrétien devant la souffrance; étude sur la pensée de Jean Chrysostome* (Paris: Beauchesne, 1972).

34    Laird, *Mindset, Moral Choice, and Sin*, 135-91.

35    Peter Moore, "Chrysostom's Concept of γνώμη: How 'Chosen Life's Orientation' Undergirds Chrysostom's Strategy in Preaching," *SP* 54 (2013), 352-55. Γνώμη의 의미와 영혼에서의 위치는 아직 논란의 여지가 있다. VanVeller, "Paul's Therapy of the Soul"; Samantha Miller, "No Sympathy for the Devil: The Significance of Demons in John Chrysostom's Soteriology" (Ph.D. diss., Marquette University, 2016), 169-221; Bae, *John Chrysostom on Almsgiving*.

으로 노출이 되면 병든 γνώμη가 변혁될 수 있다고 믿었다.[36] 모범적인 신앙의 위인들의 이야기를 자주 들으면 자연스럽게 그들을 닮아갈 수 있다. 레어드 역시 후속연구에서 이 점을 분명하게 논증하였다. 요한은 성경인물들의 γνώμη에 대한 상세한 묘사를 통해 그들을 그의 회중들의 모범으로 제시하였다. 이러한 인물들은 아벨, 노아, 아브라함, 야곱, 요셉, 모세, 예레미야, 아모스, 다니엘과 세 친구들인데 흥미로운 점은 하와, 사라, 롯의 딸들, 한나와 같이 여성들도 큰 비중을 차지했다는 것이다. 요한은 이들이 고난의 정점에서 흔들리지 않는 γνώμη로 그것을 극복할 수 있었다는 사실을 극적으로 설명하여 신자들이 시련 중에서도 믿음을 지키도록 도왔다.[37]

## 3. 치료

### (1) 인지적 치료: 설교와 교육

---

36     Moore, "Chrysostom's Concept of γνώμη," 356-58. 건강한 γνώμη 형성을 위한 더 구체적인 요한의 전략에 대해서는 다음 연구를 참고하라. Moore, "Gold without Dross: An Assessment of the Debt to John Chrysostom in John Calvin's Oratory" (Ph.D. diss., Macquarie University, 2013).

37     Raymond Laird, "It's All in the Mindset: John Chrysostom and the Great Moments of Personal Destiny," in Men and Women in the Early Christian Centuries, ed. Wendy Mayer and Ian J. Elmer (Strathfield, NSW.: St Pauls Publications, 2014), 194-210.

많은 학자들이 요한의 설교, 가르침, 저술 등이 병든 영혼을 위한 핵심적인 치료제였다는 점을 지적했다. 이는 요한 자신이 선언한 바이기도 하다. 그는『성직론』(De sacerdotio)에서 사제의 설교는 영혼의 병 치료를 위해 필요한 유일한 치료제라고 주장한다.

> 인간의 몸을 치료하는 의사들은 여러 가지 약, 다양한 디자인의 도구, 환자에게 적합한 식이요법을 발견해왔습니다. 날씨도 종종 그 자체로 환자의 건강을 회복하기도 합니다. 때때로 시기적절한 한 차례의 잠이 의사의 모든 근심을 덜어줍니다. 하지만 이 경우에는 이와 같이 의지할 것이 아무것도 없습니다. 모든 것이 말해지고 행해질 때 오직 하나의 수단, 이용 가능한 오직 하나의 방법이 있는데 이는 말씀을 통한 가르침입니다. 이것이 최고의 도구이며 최고의 식단이며 최고의 날씨입니다. 이것은 약, 뜸, 수술의 자리를 차지합니다. 뜸을 뜨거나 절단해야 할 때 우리는 반드시 이것을 사용해야 합니다. 말씀 없는 모든 것은 쓸모없습니다. 말씀으로 영혼의 무기력을 깨우고 그것의 붓기를 가라앉히고 혹을 제거하고 결함을 보완합니다. 간단하게 말해서 건강에 도움을 주는 모든 것을 합니다.[38]

뒤에서 설명하겠지만 이러한 요한의 수사는 과장이 없지 않지만 설교가 매우 중요한 영혼의 치료제라는 사실은 분명하다. 이는 철학적

---

38    Chrys. *De sacerdotio* 4.3 (SC 272:248.5-250.20).

치유의 로고테라피(logotherapy)와 관련이 있다. 인간의 욕망과 잘못된 생각을 영적인 병으로 본 철학자들은 그들의 연설과 저술(λόγος)을 치료제(약, 뜸, 수술 등)로 처방했다. 플라톤은 『파이드로스』에서 소크라테스의 입을 빌려 수사학을 말로써 영혼을 인도하는 치유술(πάθος ψυχαγωγία τις διὰ λόγων)이라고 정의한다.[39] 영혼의 건강을 회복하는 구체적인 방법은 생각을 변화시키는 것이다. 영혼의 병의 근본적인 원인이 바로 왜곡된 생각에 있다고 판단했기 때문에 그것을 새로운 가치 체계로 대체하려고 하였다.[40] 메노이케우스(Menoeceus)에게 보낸 편지에서 에피쿠로스(Epicurus, 341-c.270 B.C.E.)는 신, 죽음, 그리고 욕망에 대한 잘못된 생각들이 영혼을 혼란스럽게 한다고 지적한 후 메노이케우스에게 이러한 문제들에 대한 자신의 가르침을 영혼의 평온을 위해서 밤낮으로 되새길 것을 권고한다.[41] 이런 점에서 철학적 치유는 인식적 치료(cognitive therapy)이며 이 과정에서 인간의 의지와 능력이 강조된다.[42]

마이어는 요한에게 있어서 교회는 병원이며 사제는 영혼의 의사로 그의 주된 치료도구는 설교라고 주장한다. 그녀에 따르면 『하나님

---

39   Plato, *Phaedrus*, 261a.

40   Gill, "Philosophical Therapy," 341, 348.

41   Epicurus, *Letter to Menoeceus*, in Diogenes Laertius, *Lives of Eminent Philosophers*, 10.

42   Gill, "Philosophical Therapy," 348-51.

의 섭리에 관하여』(*Ad eos qui scandalizati sunt*), 『아무도 자기 자신 이
외에는 자신에게 해를 끼칠 수 없다』(*Quod nemo laeditur nisi a se ipso*),
올림피아스(Olympias)에게 보낸 편지 등과 같은 요한의 작품들의 주
된 목적이 개인의 잘못된 사고방식을 고치는데 있다는 점에서 기독교
화 된 의학 논문(medical treatises)이자 치료서이다.[43] 마이어는 여기서
한 걸음 더 나아가 요한의 설교에서 주석과 윤리부분을 분리할 수 없
으며 둘은 전체로서 하나의 연합된 치료 logos를 이룬다고 주장한다.[44]
그녀는 크리소스톰의 치료의 해석학(hermeneutics of therapy)이 헬레
니즘 의학적-철학적 전통에 의존하는 것 같다고 추정한다.[45]

요한의 편지들은 여러 학자들에 주목을 받아 새로운 해석이 시도
되었는데 그 역시 낙심과 근심에 빠진 사람들을 위한 치료와 위로서
의 의도가 있다고 주장되었다. 뉴레터(Livia Neureiter)는 올림피아스

43  Wendy Mayer, "Medicine in Transition: Christian Adaptation in the
    Later Fourth-Century East,"in *Shifting Genres in Late Antiquity*, ed. G.
    Greatrex and H. Elton (Farnham: Ashgate 2015), 11-26; Mayer, "The
    Persistence in Late Antiquity of Medico-Philosophical Psychic Therapy,"
    *JLA* 8 (2015), 337-51.

44  배정훈, "희망과 두려움의 수사학 - 존 크리소스톰의 구제담론에서 보
    상과 심판의 영혼치유적 역할,"「장신논단」50 (2018), 88.

45  Wendy Mayer, "Shaping the Sick Soul: Reshaping the Identity of John
    Chrysostom." In *Christian Shaping Identity from the Roman Empire to
    Byzantium: Studies Inspired by Pauline Allen*, ed. Geoffrey D. Dunn and
    Wendy Mayer (Leiden: Brill, 2015), 157.

에게 쓴 요한의 편지에 건강, 병, 치료와 같은 테마들이 핵심주제들이라고 지적하면서 이 편지들은 그녀의 우울증(despondency) 치료를 위한 기능을 했다고 주장한다. 올림피아스는 부유한 과부로 요한의 후원자 역할을 했었는데 그의 파면으로 인한 정신적 충격으로 심한 우울증에 빠졌다.[46] 라이트(Jessica Wright)는 젊은 수도사였던 스타기리우스(Stagirius)에게 보낸 요한의 편지를 다루면서 이 편지가 성격상 근본적으로 치유적이라고 규정한다. 촉망 받던 한 젊은 수도사가 어느 날 우울증에 시달리다가 급기야 여러 번 자살시도를 하였다. 요한은 사탄의 공격으로 우울증이 발생했다는 편만한 오해를 반박하면서 이 병은 사탄이 아닌 자신과 가족들의 명예에 대한 염려로 발생했다고 설명한다. 젊고 재산이 많았던 스타기리우스는 수도생활로 인해 재산, 부와 명예 모두를 완전히 잃을 것이라는 걱정에 계속해서 사로잡혀 있었고 이것이 그를 빠져나오기 힘든 슬픔과 무기력에 빠트렸다. 요한은 이 수도사가 만일 명예와 가족의 부에 대한 집착을 털어버린

---

46　Livia Neureiter, "Health and Healing as Recurrent Topics in John Chrysostom's Correspondence with Olympias," *SP* 47 (2010), 267-72. 동일한 주장들이 여러 논문에서 제기된다. Ulrich Volp, "'That Unclean Spirit Has Assaulted You from the Very Beginning': John Chrysostom and Suicide," *SP* 47 (2010), 273-86; Jonathan P. Wilcoxson, "The Machinery of Consolation in John Chrysostom's Letters to Olympias," *SP* 83 (2017), 37-72.

다면 다시 정상으로 돌아올 것이라고 말한다.[47] 밀러(Samantha Miller)는 결국 요한에게 있어서 영혼의 건강은 개인의 선택과 책임에 달려 있다는 것을 강조한다.[48]

왱(Xueying Wang)은 어린 자녀를 잃은 부모들의 슬픔에 대처하는 요한의 가르침을 소개한다. 고대세계의 유아 사망율은 약 50%에 달할 정도로 유아의 죽음은 흔한 일이었다. 자주 있는 일이라고 해서 슬픔이 줄어들지 않는다. 자녀의 죽음으로 인한 상실감과 슬픔을 겪고 있는 부모들에게 요한은 다양한 처방을 제시한다. 우선 그는 부모들의 슬픔을 인정한다. 슬픔이 과하면 문제가 되지만 제한된 범위에서 떠나버린 자식으로 인한 슬픔은 자연스러운 것이다. 요한은 고통을 이긴 성경의 예를 이야기하면서 그들을 위로한다. 또한 죽은 자녀들은 흠이 없기 때문에 천국에 들어갔을 것이라고 부모들을 안심시킨다. 왱에 따르면 요한은 부모들의 잘못된 생각을 책망하면서 수정을 요구하기도 한다. 부모들은 자녀들의 죽음으로 가계와 노년의 부양을 걱정하는데 크리소스톰은 이는 잘못된 것이라고 책망한다. 그들은 대신에 하나님을 의지해야 하며 물려줄 곳이 없는 유산은 가난한 이웃

---

47    Jessica Wright, "Between Despondency and the Demon: Diagnosing and Treating Spiritual Disorders in John Chrysostom's *Letter to Stageirios*," *JLA* 8 (2015), 352-67.

48    Miller, "No Sympathy for the Devil."

에게 나눠야 한다.[49]

멜라스(Anrew Mellas)는 요한이 유트로피우스(Eutropius)의 몰락을 생생하게 묘사함으로 얻는 효과에 주목하였다. 유트로피우스는 황제의 내시로 제국 최고 권력의 위치까지 올라갔으나 399년 실각되었다. 그는 목숨을 지키기 위해 콘스탄티노플 교회의 제단 뒤에 움크리고 숨어있었고 후에 요한은 그의 멸망을 마치 연극을 보는 것처럼 극적으로 설명한다. 그는 극장의 기법을 사용하여 유트로피우스의 운명을 자세하게 설교한다.[50] 그와 같이 최고의 권력에 있는 사람도 하루아침에 실각할 수 있음을 상기시키면서 요한은 하나님의 최후의 심판에 대해 경고한다. 한 개인의 심판은 후에 있을 모든 인류에 대한 하나님의 공의로운 심판대를 보여준다. 멜라스는 요한이 이를 통하여 부자들로 하여금 교만, 허영심과 권력을 경계할 것을 촉구하고 가난한 자들에게는 감사의 제목을 일깨워준다고 주장한다. 멜라스는 요한이 무대

---

49   Xueying Wang, "John Chrysostom on the Premature Death of Children and Parental Grief," *JECS* 27 (2019), 443-63.

50   요한은 극장/연극의 기법을 자주 사용하여 그의 설교를 시각화시킨다. Blake Leyerle, *Theatrical Shows and Ascetic Lives: John Chrysostom's Attack on Spiritual Marriage* (Berkeley: University of California Press, 2001); Francine Cardman, "Poverty and Wealth as Theater: John Chrysostom's Homilies on Lazarus and the Rich Man," in *Wealth and Poverty in Early Church and Society*, ed. Susan R. Holman (Grand Rapids, MI: Baker Academic, 2008), 159-75; Christoph Jacob, *Das geistige Theater: Ästhetik und Moral bei Johannes Chrysostomus* (Münster: Aschendorff, 2010).

의 기교를 사용하여 그의 설교를 마치 연극공연처럼 시각화함으로 아리스토텔레스가 설명한 카타르시스가 이루어진다고 주장한다. 더 나아가 설교를 중심으로 예전의 각 요소, 성경봉독과 찬송 등이 하나가 되어 청중들을 감정의 무대에 적극적으로 참여하게 하여 그들의 영혼을 치료한다.[51]

가르침을 통한 치료에는 여러 가지 기법들이 사용되었다. 먼저 릴라르스담(David Rylaarsdam)은 고대 수사학, 철학에서 핵심적인 교육 원리였던 맞춤의 원리(συγκατάβασις)가 요한의 신학과 설교방법론에 전반적으로 어떻게 나타나는지를 보여주었다. 고대 철학자들과 연설가들은 교육의 내용과 수준은 학생의 필요와 상태에 맞추어야 한다고 주장했는데 릴라르스담은 이 원리가 요한의 사상과 사역 전반에 걸쳐 어떻게 통일성 있게 사용되는지를 다룬다. 릴라르스담에 따르면 크리소스톰은 하나님을 그리스 교육(paideia)에서 발견되는 다양한 맞춤 전략을 통하여 진리의 세계로 영혼을 이끄는 참된 철학자로 묘사한다. 하나님의 존재와 속성은 모두 완벽한 교사의 모범이다. Συγκατάβασις 는 신론뿐만 아니라 그의 신학의 전반, 창조론과 계시론, 기독론과 구원론, 성령론, 성경해석과 성례론을 일관성 있게 구성하는 근원적인 원리이다.[52] 크리소스톰은 바울이 참된 영혼의 치유자인 하나님의 모

---

51    Anrew Mellas, "Tears of Compunction in John Chrysostom's *On Eutropius*," *SP* 83 (2017), 159-72.

52    David Rylaarsdam, *John Chrysostom on Divine Pedagogy: The Coherence*

범을 가장 잘 따른 교사라고 주장한다. 바울 역시 하나님의 모방자일 뿐만 아니라 그 자신이 모범적인 영혼의 치료자이다. 바울의 모범을 바탕으로 요한은 사제의 주된 과업은 병든 영혼을 치료하고 그들을 하나님의 진리로 인도하는 것이다. 사제는 하나님과 바울을 따라 각 성도들의 필요와 수준에 맞춰 진리를 가르쳐야 한다. 릴라르스담에 따르면 요한 역시 이 원리에서 설교사역을 수행하였다. 요한은 영혼의 의사로서의 자의식을 가졌으며 그리스 교육의 유산을 목회적인 필요에 따라 수정하여 사용하였다.[53]

릴라르스담의 작업은 크리소스톰 연구에 있어서 패러다임의 전환을 가져왔다. 즉, 표면상 이질적인이며 심지어 파편적으로 보이는 요소들이 사실상 통전적인 신학과 목회 방법론의 일부분이라는 것이다. 릴라르스담은 요한이 그의 시대의 역사적-지적 환경 속에서 체계적이며 일관성 있는 탁월한 영혼의 의사이며 기독교 신학자라는 점을 설득력 있게 보여주었다.

앞에서 간략하게 언급했듯이 판펠러는 요한이 유대인들에 대한 바울의 접근을 고대 교육학의 맞춤원리에 기반을 둔 칭찬과 질책의 균형 있는 사용(the balanced use of gentle and harsh speeches)으로 해석

---

of His Theology and Preaching (Oxford: Oxford University Press, 2014), 13-156.

53    Rylaarsdam, John Chrysostom on Divine Pegagogy, 157-282.

하는지를 설명하였다. 고대의 교사들은 학생들이나 대중들의 적합한 교육을 위해 칭찬과 질책을 균형 있게 사용해야 한다고 주장했다. 과도한 칭찬은 교만과 나태함을, 지나친 비판은 절망감과 포기를 일으키기 때문에 교육의 대상의 수준과 상태에 따라 이 둘을 적절하게 배합해야 한다는 것이다. 대상이 어리거나 미숙할수록 칭찬과 격려가, 반대의 경우에는 질책과 비판이 필요하다.[54] 판펠러에 따르면 요한은 약한 유대인 영혼이 엄격한 가르침을 수용할 수 있도록 친족 언어와 유대인의 선택과 같은 그들의 특권을 부드러운 조언으로 부각시켰다. 하지만 이러한 격려의 말의 이면에는 그들의 믿음과 실천에 대한 비판이 있다. 왜냐하면 그들은 유대교가 아닌 그리스도의 가르침으로 새롭게 되어야하기 때문이다.[55]

많은 학자들이 요한의 치료적 담론에서 성경의 인물들이 따라야 할 모범적인 인물로 제시되고 있다는 것을 언급하였다. 스토아 철학자들은 덕을 증진시키기 위해 자주 모범적인 인물들의 예를 들었다. 이러한 이야기로 인해 청자들은 용기와 힘을 얻을 수 있었다. 요한은 신구약의 대표적인 인물들, 아담과 하와, 믿음의 족장들, 모세, 다윗, 욥, 선지자들, 사도들, 특히 바울을 신자들이 본받아야 할 덕의 모범으

---

54    배정훈, "희망과 두려움의 수사학," 71-74.

55    Vanveller, "Paul's Therapy of the Soul," 75-93, 94-130.

로 제시하였다.[56] 에드워드(Robert G. T. Edwards)는 요한의 모범인물

56    Laurence Brottier, "'Et la fournaise devint source': l'épisode des trois jeunes
      gens dans la fournaise (Dan 3) lu par Jean Chrysostome," *Revue d'histoire
      et de philosophie religieuses* 71 (1991), 309-27; Margaret M. Mitchell, *The
      Heavenly Trumpet: John Chrysostom and the Art of Pauline Interpretation*
      (Tübingen: Mohr Siebeck, 2000); Catherine Broc-Schmezer, "La femme
      de Job dans la predication de Jean Chrysostome," *SP* 37 (2001), 396-
      403; Broc-Schmezer, "La figure d'Anne, mere de Samuel, dans l'œuvre
      de Jean Chrysostome," *SP* 41 (2006), 439-44; Broc-Schmezer, *Les figures
      féminines du Nouveau Testament dans L'œuvre de Jean Chrysostome: Exégèse
      et pastorale* (Paris: Institut d'études Augustiniennes, 2010); Pak-Wah Lai,
      "John Chrysostom and the Hermeneutics of Exemplar Portraits" (Ph.D.
      diss., Durham University, 2010); Lai, "The Monk as Christian Saint and
      Exemplar in St. John Chrysostom's Writings," *Studies in Church History*
      47 (2011), 19-28; Andreas Heiser, *Die paulusinszenierung des Johannes
      Chrysostomus: Epitheta und ihre Vorgeschichte* (Tübingen: Mohr Siebeck,
      2012); Samantha Miller, "Chrysostom's Monks as Living Exhortations
      to Poverty and the Rich Life," *Greek Orthodox Theological Review* (이
      후 *GOTR*) 58 (2013), 79-98; Laird, "It's All in the Mindset," 194-
      210; Rylaarsdam, *John Chrysostom on Divine Pegagogy*, 157-93, 261-
      69; Demetrios E. Tonias, *Abraham in the Works of John Chrysostom*
      (Minneapolis: Fortress Press, 2014); Douglas Finn, "Sympathetic
      Philosophy: The Christian Response to Suffering according to John
      Chrysostom's *Commentary on Job*," in *Suffering and Evil in Early
      Christian Thought*, ed. Nonna V. Harrison and David G. Hunter (Grand
      Rapids, MI: Baker Academic, 2016), 97-119; Maria Verhoeff, "Seeking
      Friendship with Saul: John Chrysostom's Portrayal of David," *SP* 83
      (2017), 173-84; Douglas Finn, "Job as Exemplary Father according to
      John Chrysostom," *JECS* 26 (2018), 275-305; Finn, "Job and his Wife
      as Exemplary Figures in the Preaching of John Chrysostom," *Journal of
      Ancient Christianity* 23 (2019), 479-515; Douglas Finn and Anthony

사용이 단지 그의 주장의 증거가 아니라 그 자체가 윤리적인 가르침이 된다고 주장한다. 성경의 이야기(narrative)가 실의에 빠져있는 신자들을 회복시킬 수 있다. 그는 올림피아스 편지를 분석하면서 요한이 성경이 담고 있는 인물들에 대한 이야기로 그녀의 영혼의 병의 치료를 시도한다고 지적한다. 성경의 이야기를 들려주고 서로 나누는 것이 중요한 치료제이다. 에드워드에 따르면 요한의 퇴각에 큰 상처를 입은 올림피아스에게 요한은 요셉, 욥, 다니엘의 세 친구들과 부자와 나사로 이야기를 하면서 의인의 고통이 최절정에 달할 때 하나님이 개입하여 상황을 완전히 역전시킨다고 위로한다. 이 이야기들은 요한뿐 아니라 올림피아스에게도 해당되는 공통된 것이다. 요한은 성경의 고난 네러티브들을 통해 그의 든든한 동반자이자 후원자인 귀족여성의 세상적인 생각을 변화시키려고 하였다. 에드워드는 레비-스트로스(Claude Lévi-Strauss)의 심층구조(Deep Structure) 이론으로 요한이 이야기 치료를 설명한다. 심층구조는 플롯 자체가 아닌 여러 상부 이야기들의 공통주제를 담고 있는 핵심이다. 에드워드는 요한이 이야기하는 성경의 고난 이야기의 심층구조는 의인의 고난의 정점에 개입하는 하나님이다. 이 본질적인 구조가 올림피아스의 영혼의 건강을 다시

---

Dupont, "Preaching Adam in John Chrysostom and Augustine of Hippo," *Vigiliae Christianae* 73 (2019), 190-217.

회복하게 만드는 도구이다.[57]

몇몇 학자들은 이교 세계의 영혼치료의 한계를 지적하며 크리소스톰의 치료적 담론을 기독교적인 구원론과 종말론의 관점에서 접근한다. 토렌스(Iain R. Torrance)는 병과 치료와 관련된 요한의 기독교적인 치유론을 간략하게 설명하면서 궁극적으로 하나님이 영혼의 의사가 되며 그의 은혜를 새롭게 얻을 수 있는 방법이 회개라고 주장한다. 죄가 영혼을 병들게 하는데 이에 대한 참회가 영혼을 새롭게 한다.[58] 쿡(James Cook)은 토렌스의 논제를 더욱 발전시킨다. 그는 비록 요한이 철학적 치료담론을 빌려오기는 했지만 그의 궁극적인 목적은 죄와 하나님의 심판으로부터 피하게 하는 것이다. 욕망과 잘못된 생각이 영혼의 평정을 깨트리는 것으로 보는 철학자들과는 달리 기독교 신학에서 영혼의 병은 하나님의 계명에 대한 불순종과 그로 인한 심판이다. 인식의 전환과 여러 행동치료들의 철학전통과는 달리 기독교의 영혼치료방법은 회개, 예배, 말씀과 성례이다. 쿡은 영혼치료자로서의 요한이 철학자들보다는 하나님의 임박한 심판과 회개를 촉구하는 구약의 선지자 전통에 더 가깝다고 주장한다.[59] 쿡에 따르면 요한의 신학적인

---

57  Robert G. T. Edwards, "Healing Despondency with Biblical Narrative in John Chrysostom's Letter to Olympias," *JECS* 28 (2020), 203-31.

58  Iain R. Torrance, ""God the Physician:" Ecclesiology, Sin and Forgiveness in the Preaching of St. John Chrysostom," *GOTR* 44 (1999), 163-76.

59  James Cook, "Preaching and Christianization: Reading the Sermons of

118  초대 교회의 갈등과 치료

치료의 전망에서 최후의 심판은 두려움을 불러일으키는 치료도구의 역할을 한다. 내세의 교훈적 사용은 철학자들과 요한을 구별시킨다.[60]

최근에 학자들은 요한의 구원론을 동방교회의 신격화(deification) 전통에서 이해해야 한다고 주장한다. 대표적인 학자가 베르호프(Maria Verhoeff)이다. 그녀는 요한의 우정개념을 분석하면서 그의 영혼치료 담론은 신격화와 연관하여 살펴보아야 한다고 제안하였다. 세례를 통해 하나님이 된 신자들은 또한 예배와 기독교적인 삶으로 그를 닮아간다.[61] 학자들은 요한의 구원론에서 인간의 의지가 행위가 강조되고 있

---

John Chrysostom" (Ph.D. diss., Oxford University, 2016), 136-75.

60 Cook, "Preaching and Christianization," 143-63. Cf. Cook, "'Hear and Shudder!': John Chrysostom's Therapy of the Soul," in *Revisioning John Chrysostom*, 247-75. 쿡의 학위논문은 책으로 출판되었다. Cook, *Preaching and Popular Christianity: Reading the Sermons of John Chrysostom*, (Oxford: Oxford University Press, 2019). 배정훈, "구제, 영혼의 치유, 구원: 요한 크리소스톰과 고대 철학적 치유의 기독교화," 「한국교회사학회지」 54 (2019), 180-89. 더 자세한 내용은 필자의 책을 참고하라. Bae, John Chrysostom on Almsgiving.

61 Maria Verhoeff, "A Genuine Friend Wishes to be a Debtor: John Chrysostom's Discourse on Almsgiving Reinterpreted," *Sacris Erudiri* 52 (2013), 47-66; Verhoeff, "More Desirable than Light Itself: Friendship Discourse in John Chrysostom's Soteriology" (Ph.D. diss., Katholieke Universiteit Leuven, 2016); Lai, "John Chrysostom and the Hermeneutics," 130-31; Lai, "The Imago Dei and Salvation among the Antiochenes: A Comparison of John Chrysostom with Theodore of Mopsuestia," *SP* 67 (2013), 393-402; Sergio Zincone, "Essere simili a Dio: l'esegesi crisostomiana di Mt 5:45," *SP* 18 (1986), 353-58.

다고 주장한다. 물론 구원은 궁극적으로 그리스도의 십자가 사역과 은혜로 효력이 있지만 참된 믿음은 행위가 분리될 수 없다. 요한은 참된 믿음은 선행을 통해 드러나게 되어 있다고 주장하면서 또한 그것을 가능하게 하는 것은 은혜임을 지적한다.[62]

## (2) 행동적 치료: 신앙의 훈련

최근의 연구는 요한이 설교와 작품을 통한 인식적인 치료 외에도 행동적 치료방법도 병행하였음을 입증하였다. 여기서는 고대의학이론

---

[62] Panayiotis Papageorgiou, "A Theological Analysis of Selected Themes in the Homilies of St. John Chrysostom on the Epistle of St. Paul to the Romans" (Ph.D. diss., The Catholic University of America, 1995); Mel Lawrenz, The Christology of John Chrysostom (Lewiston, NY: Mellen University Press, 1996); Lloyd G. Pierson, "An Analysis of John Chrysostom's Underlying Theory of Christ's Redemption in the Letters of St. Paul" (Ph.D. diss., Saint Louis University, 2004); Rudolf Brändle, "This Sweetest Passage: Matthew 25:31-46 and Assistance to the Poor in the Homilies of John Chrysostom," in Wealth and Poverty in Early Church and Society, ed. Susan R. Holman (Grand Rapids, MI: Baker Academic, 2008), 127-39; Ashish J. Naidu, Transformed in Christ: Christology and the Christian Life in John Chrysostom (Eugene, OR: Pickwick Publications, 2012); Jonathan R. Tallon, "Faith in John Chrysostom's Preaching: A Contextual Reading" (Ph.D. diss., University of Manchester, 2015); Becky J. Walker, ""Queen of the Virtues": Pastoral and Political Motivations for John Chrysostom's Exaltation of Almsgiving" (Ph.D diss, Saint Louis University, 2018).

과 실천의 영향을 많이 볼 수 있다. 고대 철학과 의학에서 로고테라피와 함께 행동적 치료가 자주 처방되었다. 소크라테스(Socrates, c.469 - 399, B.C.E.)는 화가 나려고 할 때 의도적으로 목소리를 작게 하고 시선을 부드럽게 하였다. 플라톤은 부모들에게 자녀의 감성을 기르기 위해 그림, 만들기, 가구 등으로 좋은 미학적인 환경을 만들어 줄 것을 조언했다. 피타고라스 전통에서 소식은 성욕의 억제와 관련이 있었다. 2세기의 의사이자 철학자였던 갈렌(Galen, 129-c.216, C.E.)은 마음의 평정을 위해 식사, 잠, 음식, 음악, 집 등을 포괄하는 종합적인 생활 관리 프로그램을 제안했다.[63]

요한의 행동적 치료처방을 다룰 때 우리가 자주 접하게 되는 것은 그의 수도/금욕주의 사상과 실천이다. 말렁그흐(Anne-Marie Malingrey)는 크리소스톰 작품에 등장하는 철학(φιλοσοφία)의 개념을 면밀하게 살핀 후 철학이 단지 논리적인 추론과 생각과 같은 지적 작업에만 한정되지 않고 특정한 유형의 삶의 방식과 관련이 있음을 밝혔다. 크리소스톰은 영혼에 유익을 주는 기독교 덕의 실천, 특별히 수도훈련을 철학이라고 불렀다.[64] 스텐저(Jan R. Stenger) 역시 요한에게

---

63  Sorabji, *Emotion and Peace of Mind*, 270-72.

64  Anne-Marie Malingrey, *Philosophia; étude d'un groupe de mots dans la littérature grecque des présocratiques au IVe siècle après J. C* (Paris: C. Klincksieck, 1961), 270-86. 여러 학자들이 이 주장을 지지했다. Jean-Louis Quantin, "A propos de la traduction de 'philosophia' dan

있어서 철학의 실천적 본성을 주장한다는 점에서 말렁그흐와 동일한 주장을 한다. 요한은 수도사들의 활동적인 삶(*vita activa*)과 철학자들의 관조적 삶(*vita contemplativa*)를 대조시키면서 기독교 수도사들은 철학적 삶의 참된 형태를 구현한다고 주장한다. 철학자들은 덕스러운 삶의 모범을 보여주지 못했지만 수도사들은 그들의 노동과 경건으로 사람들을 그리스도의 진리로 이끌었기 때문이다.[65]

드 베트는 고대후기 노인학, 남성성(masculinity), 덕과 영혼치료의 밀접한 연관성에 대한 연구에서 요한의 금욕주의 사상을 분석한다. 그에 따르면 요한은 금욕훈련이 몸의 욕망과 정욕을 억제함으로 우리의 영혼을 젊고 건강하게 만든다고 주장한다. 이러한 금욕적 견해를 바탕으로 요한은 당시 세계에 노인학에 대한 새로운 기준을 제시한다. 비록 노인들이 나이가 들수록 힘과 육체의 건강을 잃어 남성성이 약해지지만 그들은 절제와 금욕생활을 통해 몸의 남성성의 상실

l'Adversus oppugnatores vitae monasticae de Saint Jean Chrysostome," *RevScRel* 61 (1987), 187-97; Margaret A. Schatkin, *John Chrysostom as Apologist: With Special Reference to De incomprehensibili, Quod nemo laeditur, Ad eos qui scandalizati sunt, and Adversus oppugnatores vitae monasticae* (Thessalonikē: Patriarchikon Hidryma Paterikōn Meletōn, 1987), 230-72.

65  Jan R. Stenger, "Where to Find Christian Philosophy?: Spatiality in John Chrysostom's Counter to Greek Paideia," *JECS* 24 (2016), 187-90. Cf. 배정훈, "세상 속에서의 수도적 삶: 마태복음 7장 13-14절에 대한 요한 크리소스톰의 해석,"「갱신과 부흥」 40 (2019), 32-70.

을 영적 남성성의 강화로 극복할 수 있다. 드 베트는 요한의 노년초월 (gerotranscendence)의 담론이 고대후기의 남성성의 변혁에 중요한 공헌을 했다고 주장한다.[66]

탐심과 비만의 병폐를 다루는 다른 논문에서 그는 요한이 회중들의 몸과 영혼의 건강 증진을 위해 다양한 의학적 처방을 한다는 점을 보여주었다. 여기서 그는 요한을 고대의 철학-의학적 소피스트 (psychic iatrosophist)로 규정한다. 고대에서 의학과 철학은 서로 긴밀하게 연관되어 있었는데 철학자나 연설가들이 고도의 기술을 요구하는 수술은 하지 못했지만 일반적인 의학적 처방은 할 수 있었다. 드 베트에 따르면 요한은 과도한 식탐으로 발생한 비만은 몸과 영혼의 심각한 영향을 준다고 비판한다. 비만은 우선적으로 외모를 상하게 하고 체내의 독가스로 인해 뇌를 손상시켜 정신이상을 야기할 수도 있다. 또한 게으름, 나태함, 정욕과 욕망 등으로 영혼을 병들게 하며 사탄의 지배를 받게 한다. 비만의 치료를 위해 요한은 적절한 식이요법, 잠과 목욕을 제안하는데 탐식을 조절하고 건강한 몸을 만드는 것은 곧 영혼의 건강으로 이어진다. 쇼(Teresa M. Shaw)에 따르면 탐식과 영혼의 병을 극복하기 위한 중요한 금욕훈련이 금식이었다.[67] 드 베트는

---

66    Chris L. de Wet, "Grumpy Old Men?: Gender, Gerontology, and the Geriatrics of the Soul in John Chrysostom," *JECS* 24 (2016), 507-20.

67    Shaw, *The Burden of the Flesh*, 131-38.

이러한 연구들에서 요한이 고대의 여러 의사들 가운데서 특히 갈렌의 영향을 많이 받고 있음을 보여준다.[68] 갈렌은 2세기의 대표적인 의사로 그의 이론은 아리스토텔레스를 거쳐 히포크라테스(Hippocrates, c.460-c.370, B.C.E.)에게까지 거슬러 올라간다. 다른 여러 학자들 역시 요한의 의학지식에 있어서 갈렌의 중요성을 강조한다.[69] 최근에 무

---

68  Chris L. de Wet, "The Preacher's Diet: Gluttony, Regimen, and Psycho-Somatic Health in the Thought of John Chrysostom," in *Revisioning John Chrysostom*, 410-63. 드 베트는 남성성, 의학, 신학 간의 연관성에 대한 여러 연구를 진행했으며 작년에는 이 주제로 두 번째 박사학위를 받았다. De Wet, "The Practice of Everyday Death: Thanatology and Self-Fashioning in John Chrysostom's *Thirteenth Homily on Romans*," *Hervormde Teologiese Studies* 71 (2015), 1-6; De Wet, "Human Birth and Spiritual Rebirth in the Theological Thought of John Chrysostom," *In die Skriflig* 51 (2017), 1-9; De Wet, "The Leprous Body as Ethical-Theological Strategy: John Chrysostom's Interpretation of the Cleansing of the Leper in Matthew 8:1-4," *Neotestamentica* 52 (2018), 471-88; De Wet, "Old Age, Masculinity, and Martyrdom in Late Antiquity: John Chrysostom and the Maccabean Martyrs," *JECH* 8 (2018), 43-68; De Wet, ""John Chrysostom on the Healing of the Woman with a Flow of Blood: Exegesis, Tradition, and Anti-Judaism" *JECH* 9 (2019), 1-28; De Wet, "The Formation of Masculinity in John Chrysostom's Medical-Theological Discourse" (Ph.D. diss., Radboud University, 2019).

69  U. Bachmann, "Medizinisches in den Schriften des griechischen Kirchenvaters Johannes Chrysostomos" (D.Med. diss., Universität Dussseldorf, 1984), 10-33, 123; Raymond Le Coz, "Les peres de l'eglise grecque et la medicine," *Bulletin de Litterature Ecclesiastique* 98 (1997), 139-40; Mayer, "Madness in the Works of John Chrysostom," 353-56; Wright, "Between Despondency and the Demon," 352-67.

스그로브는(Caroline J. Musgrove) 요한이 4세기의 의학 연구자이자 의사인 오리바시우스(Oribasius, c. 320-403, C.E.)의 저술을 접했을 가능성을 제시하였다.[70]

레이얼리(Blake Leyerle)는 슬픔에 대한 요한의 처방을 연구하였다. 그녀에 따르면 요한은 고대의학의 체액이론(humoristic theory)을 수용했는데 이것은 몸의 질병을 네 가지 체액들, 즉 피(blood), 점액질(phlegm), 황담즙(yellow bile)과 흑담즙(black bile) 간의 불균형으로 설명한다. 몸의 질병은 체액의 균형상실에 기인한다는 의학이론에 따라 요한은 부에 대한 열망이 과도하게 커지면 슬픔을 초래한다고 주장한다. 그는 특히 잃을 재산이 많은 부자들이 슬픔의 병에 빠지기 쉽다고 말하면서 이에 대한 처방으로 구제를 언급한다. 레이얼리의 연구에서 독특한 점은 요한이 슬픔을 치료의 대상만이 아닌 치료수단으로 제시하고 있다는 것을 보여주었다는 것이다. 요한은 죄에 대한 회개의 눈물은 우리의 영혼을 치료한다고 말한다.[71]

라이트는 크리소스톰이 신자들의 뇌 건강에 많은 관심을 많이 보였다고 주장한다. 고대의학에서 뇌는 인간의 정신을 관장하는 부분으로 철학자들과 의사들은 인간의 영혼이 그곳에 존재한다고 믿었다. 인

---

[70]    Caroline J. Musgrove, "Oribasius' Woman: Medicine, Christianity and Society in Late Antiquity" (Ph.D. diss., University of Cambridge, 2017).

[71]    Blake Leyerle, "The Etiology of Sorrow and its Therapeutic Benefits in the Preaching of John Chrysostom," *JLA* 8 (2015), 368-85.

요한 크리소스톰과 영혼의 병과 치료  125

식, 추론, 생각, 판단, 결정 등의 이성의 활동이 뇌에서 이루어지는 것
이다. 뇌는 인간의 삶에서 매우 중요한 기능을 하지만 또한 외부의 자
극에 상당히 민감하다. 요한은 체내의 신경과 관을 통해 여러 물질들
이 뇌를 자극하기 때문에 이것을 일으키는 동인을 조심해야 한다고 가
르쳤다. 그 중에서도 냄새(향수)와 술이 위험하다. 라이트에 따르면 요
한은 향수와 술을 적절하게 사용할 것을 권했고 이는 뇌를 보호하고
영혼을 지키기 위한 것이었다. 그녀는 또한 요한이 교회와 사회를 각
각 하나의 몸으로 이해했기 때문에 교회적, 사회적인 질서를 지킬 것
을 요구했다고 주장한다. 교회와 사회는 하나의 유기체 이므로 머리,
즉 뇌에 해당하는 주교와 황제의 권위를 따라야 한다. 비록 간략하기
는 하지만 라이트는 요한의 뇌 돌봄이 단지 개인의 건강만을 위한 것
이 아니라 사회적인 안녕을 추구했다고 지적한다.[72] 마이어 역시 요한
이 사회의 건강에 관심이 있었다고 주장함으로 라이트의 연구와 동일
선상에 있다. 그녀는 금욕주의에 대한 요한의 접근이 우선적으로는 각
개인의 몸과 영혼의 건강과 밀접한 관련이 있음을 보여준다. 사회의
건강은 최소한의 재산으로 살아가는 단순한 삶과 초과된 부를 가난한
자들에게 기꺼이 나누어주는 각 개인을 통해 이루어진다. 마이어는 요

---

72  Jessica Wright, "John Chrysostom and the Rhetoric of Cerebral
    Vulnerability," *SP* 81 (2017), 209-26. Cf. Ead., "Brain, Nerves,
    and Ecclesial Membership in John Chrysostom," in *Revisioning John
    Chrysostom*, 361-409.

한에게 있어서 구제가 몸과 영혼, 개인과 사회의 통전적인 건강을 형성할 수는 수단이 된다는 점을 암시한다.[73]

## III. 나가는 말: 진정한 영혼의 돌봄을 위하여

지금까지 우리는 최근에 활발하게 이루어지고 있는 크리소스톰에 대한 새로운 연구들을 자세하게 살펴보았다. 학자들은 고대 철학과 의학, 특별히 병과 치료라는 관점에서 그의 사상과 작품을 새로운 각도에서 분석하고 있다. 이러한 연구들에 따르면 요한은 4세기의 문화적, 지적 환경 속에서 영혼과 몸의 통전적인 치료자(holistic doctor)로 마음이 병든 안디옥과 콘스탄티노플의 그리스도인들을 여러 목회적인 활동을 통해 인식적으로, 행동적으로 치료하였다. 설교와 교육, 예배와 성찬, 여러 영적인 훈련들은 실제로 성도들의 마음을 치료하는 도구들이었다. 이러한 치료는 당대의 철학자들과 의사들이 행한 잘못된 생각을 변화시키고 욕망을 억제하는데 그치는 것이 아니라 최후의 심판이라는 거대한 구원의 서사 아래서 영원한 영혼의 웰빙과 행복을 준비해가는 것이었다. 요한은 궁극적인 치료자인 하나님을 대신해 성도들의 영혼을 돌보았다. 이 돌봄의 전망은 이 땅에서 시작하여 최후에 완성

---

73    Mayer, "Medicine in Transition," 11-26.

되는 것으로 하나님을 닮아가는 과정, 즉 신격화이다.

학자들의 이러한 접근은 크리소스톰 연구에 있어서 크게 두 가지를 함의를 지니고 있다. 첫째는 기존의 요한의 정체성에 대한 새로운 평가이다. 철학적-의학적 치료의 관점에서의 분석은 요한이 피상적인 신학과 영성, 깊이 없는 성경해석과 단순한 도덕적 설교, 심지어 반 지성주의적인 경향을 가진 교부가 아닌 고대세계에서 오랫동안 발전되어 온 수준 높은 문화를 자유자재로 사용할 수 있었던 탁월한 기독교 사상가요 목회자로 재정의 할 수 있는 길을 열어 놓았다.[74] 특히 릴라르스담은 요한의 신학과 사역 전반이 영혼 치유라는 큰 목적 아래서 일관성 있게 통일되어 있다는 점을 분명하게 보여주었다. 최근의 연구들은 요한은 고대 후기 제국의 기독교화를 위해 당대의 핵심적인 철학적-의학적-수사적 전통을 거부한 것이 아니라 그것을 기독교의 가치와 문화로 대체하려고 했다는 것을 설명하였다. 릴라르스담은 이를 당시에 기독교 문화를 형성하기 위한 "문화적 공개매입"으로 규정한다.[75] 트로카(Jutta Tloka)는 같은 선상에서 흥미롭게도 요한을 '헬라적 기독교인'(griechische Christen)이 아닌 '기독교적 헬라인'(Christliche Griechen)이라고 부른다.[76] 즉, 요한은 고대적 배경에서 '기독교적 삶

---

74  Rylaarsdam, *John Chrysostom on Divine Pegagogy*, 2-3.

75  Rylaarsdam, *John Chrysostom on Divine Pedagogy*, 5.

76  Jutta    Tloka,    *Griechische    Christen.    Christliche    Griechen:*

의 철학'을 제시한 기독교 신학자이자 철학자였다.[77]

두 번째 함의는 연구방법론에 관한 것이다. 학자들은 요한의 작품에 의학적 메타포가 만연되어 있으며 몸으로 구현되는 영혼의 치료라는 개념이 그의 사상을 이해하는데 있어서 상당히 중요하다는 것을 알려주었다. 그들은 이러한 메타포가 단지 가르침을 그럴 듯하게 꾸며주는 말의 장식이 아니라 그리스-로마의 교육과 이후의 당대의 지적인 문화와의 활발한 교류를 통해 얻어진 지적활동이라는 점을 분명히 하였다. 메타포 이면에 고대의 철학, 의학, 수사학의 영혼치료라는 개념과 실천이 있으며 요한은 이러한 전통을 사용하여 자신의 신학을 발전시키고 교회를 섬겼다. 요한에 대한 영혼 치료적인 접근은 최근 약 10년 이내에 활발하게 이루어지고 있기 때문에 미개척 분야들을 고대철학과 의학의 배경에서 다룰 수 있을 것이다.

그렇다면 앞으로 연구는 어떠한 방향으로 나갈 수 있는가? 이전연구의 부족한 점 및 한계들을 중심으로 몇 가지 제안을 제시하고자 한다. 첫째, 아직까지 많이 다루어지지 않은 개별 주제들에 대한 연구들이 필요하다. 앞에서 언급했듯이 이 분야는 연구사가 짧기 때문에 아직까지 세부주제들에 대한 더 많은 연구들이 수행되어야 한다. 지금까

---

*Plausibilisierungsstrategien des antiken Christentums bei Origenes und Johannes Chrysostomos* (Tübingen: Mohr Siebeck, 2005), 127-50.

77    Malingrey, *Philosophia*, 270-86.

지의 연구는 대부분 철학적 접근과 인식적 치료방법(설교와 가르침), 개인의 영혼과 몸의 치료 및 병이 걸린 후의 치료, 즉 반응적 치료에 초점에 맞추어져 있었다. 따라서 고대 의학 방면에서의 분석, 로고 테라피 이외의 다양한 기독교적 실천, 즉 예배, 기도, 회개, 구제, 성례와 다른 금욕주의 훈련들의 영혼 치료적 기능에 대한 연구들이 이루어져야 할 것이다. 또한 고대 의학에서는 반응적 치료와 함께 예방적인 치료도 매우 중요한 한 축을 형성하고 있었기 때문에 이 부분이 어떻게 요한의 영혼 돌봄에서 작용하고 있는지, 개인의 건강과 함께 어떻게 사회전반의 건강이 성취되는 지에 대한 분석도 필요하다.[78] 둘째, 개별적인 연구와 더불어 요한의 영혼치료 전반에 대한 체계적인 연구가 필요하다. 지금까지의 연구는 개별적인 주제에 관련하여 이루어졌기 때문에 요한의 전반적인 영혼치료사상과 사역을 파악하는 데는 어려움이 있다. 전체를 모두 다룰 수는 없다고 하더라도 가령 πάθη에 대한 요한의 이해를 연구할 수 있을 것이다. 요한이 πάθη를 어떻게 이해했는지, 이러한 이해와 관련된 철학자들과의 공통점과 차이점은 무엇인지, 영혼의 병의 원인의 무엇이며 이러한 병에도 위계가 있는지, 또한 합

---

78  요한의 사회비전사상은 다음을 참고하라. Aideen M. Hartney, *John Chrysostom and the Transformation of the City* (London: Duckworth, 2004), 67-182; Tloka, *Griechische Christen*, 176-204; Jan R. Stenger, *Johannes Chrysostomos und die Christianisierung der Polis: Damit die Städte Städte werden* (Tübingen: Mohr Siebeck, 2019).

병증이 있는지 여부 등을 살펴볼 수 있을 것이다. 이와 더불어 요한의 영혼론도 중요한 연구 분야이다.[79]

셋째, 요한의 치유담론에 대한 통전적인 분석이 요구된다. 우선적으로 고대에서 영혼치료에 관계된 철학, 의학, 수사학이 어떻게 하나의 영혼치료학 체계를 이루었고 이러한 전통이 요한의 사상형성에 준 영향을 파악할 필요가 있다. 학자들은 각각의 분야에서 요한을 해석했는데 그리스-로마 사회에서 이 세 분야가 긴밀하게 연결되어 있었다는 점을 고려해야 한다. 더 나아가 이러한 이교 전통이 요한이 속해 있는 기독교 신학, 성경해석과 어떤 관계를 가졌는지가 앞으로의 중요한 연구주제 중에 하나이다. 마지막으로 다른 여러 학문 분야와의 학제 간, 비교 연구도 할 수 있다. 물론 고대 철학적-의학적 배경에서의 요한 연구가 이미 학제 간 연구이지만 이러한 영혼치료사상이 현대 철학, 심리학, 의학과의 관련성을 고려하면 좋을 것이다. 마이어를 비롯한 몇 명의 학자들이 현대이론을 사용하여 요한의 설교가 청중들에게 실제로 미친 영향을 설명하였다. 많은 학자들이 지적하듯이 고대 철학의 인식적 치료방법은 오늘날 심리학의 인지-행동적 치료(cognitive-behavioral therapy)와 상당히 유사하다.[80] 이러한 현대 철학과 심리학

---

79  이러한 작업은 단행본이 적합한데 다음의 책들이 좋은 예가 될 것이다. Leyerle, *The Narrative Shape of Emotion*; Bae, John Chrysostom on Almsgiving; De Wet, "The Formation of Masculinity."

80  Gill, "Philosophical Therapy," 358-60; Juan A. Mercado, "How Close

과의 융합연구는 고대의 치료관행의 현대적 의의를 알려줄 수 있을 것이다. 또한 초기 한국교회사에서의 유교와 동서양 의학 전통이 차용된 방식과 초대교회의 방식을 서로 비교할 수도 있을 것이다. 유교는 마음의 평화를, 의학, 특히 서양의학은 몸의 건강을 초점을 두었고 이러한 자원들이 한국교회의 형성에 기여한 점을 고려하면 동서양의 기독교 전통에서의 몸과 마음의 건강이 형성된 과정을 서로 비교하는 작업은 한국적인 토착화 신학의 형성에도 도움을 줄 수 있을 것이다.[81]

고대후기의 종교, 철학과 의학 간 학제적 연구는 오늘날 한국교회의 역할도 진지하게 고민하게 한다. 교회는 영적인 건강을 돌보는 최고의 전문기관이 되어야 한다. 교회는 병든 개인과 사회를 치료해야 한다. 왜냐하면 교회는 영적 병원이며 목회자는 영혼의 의사이며, 따

---

Are Contemporary Ideas on Human Flourishing and the Classical Philosophy of Man?," in *Personal Flourishing in Organizations*, ed. Juan A. Mercado (Cham: Springer International Pub., 2018), 11-35; Judith S. Beck, *Cognitive Behavior Therapy: Basics and Beyond*, 3rd ed. (New York: The Guilford Press, 2021); 마틴 셀리그만, 『완전한 행복』곽명단 역. (서울: 물푸레, 2004); 이진남, "인지주의 치료와 스토아 철학," 「인간연구」 39 (2019), 47-75; 신문계, "실존적 공허를 극복하기 위한 프랑클의 실존분석적 로고테라피와 철학상담," 「신학과 실천」 61 (2018), 301-29.

81  이만열, 『한국기독교의료사』 (서울: 아카넷, 2003); 배요한, "이수정의 신앙고백문에 대한 유교철학적 분석," 「장신논단」 38 (2010), 481-504; 배요한, 『신학자가 풀어 쓴 유교 이야기: 그리스도인이 알아야 할 유교의 모든 것』 (서울: IVP, 2014); 옥성득, 『한국기독교형성사: 전통종교와 개신교의 만남, 1876-1915』 (서울: 새물결플러스, 2020).

라서 목회의 모든 활동은 근본적으로 치료적이기 때문이다. 목사가 영혼의 의사라는 자의식을 가지고 마음의 건강에 더 많은 관심을 가지고 세상이 줄 수 없는 치료를 제공할 수 있어야 한다. 현대 심리학과 상담이 아무리 발전해도 해결할 수 없는 부분들이 여전히 많다. 정신적인 문제의 근원에는 영적인 문제가 있다. 기독교의 진리와 가르침이 얼마나 우리의 영혼을 부요하고 풍성하게 하며 참된 행복을 가져다주는지 보여줄 수 있어야 한다. 교회는 임시방편적인 안정이 아닌 영혼의 근원적인 운명을 변화시켜 영원한 생명에 이르게 하는 사명이 있다. 참된 영혼의 치료는 오직 교회에서만 이루어진다.

**저자소개 [ 배정훈 ]**

배정훈 교수는 우리에게 잊혀진 기독교인의 삶에 대한 교부들의 가르침, 특별히 가난한 이웃을 향한 사랑의 실천과 영혼의 치료 전통을 되살리는데 힘쓰고 있다. 성경과 교부들을 통해 기독교 신앙의 본질이 사랑이라는 점을 깨닫게 되었고 이를 소개함으로 한국교회를 섬기고 사회에 선한 기여를 할 수 있다고 믿는다. 나누고 더불어 사는 삶이 결국 우리의 영혼을 치료하고 행복하게 하며 교회를 성장하게 함을 교부들을 통해 배웠다.

고신대학교 신학과와 고려신학대학원을 졸업하고 미국 보스턴 칼리지(Boston College)에서 교부학 전공으로 신학석사(Th.M) 학위를 받았다. 이후 호주가톨릭대학교(Australian Catholic University)에서 세계적으로 저명한 교부학자인 웬디 마이어(Wendy Mayer)와 폴린 알렌(Pauline Allen)의 지도하에서 박사학위(Ph.D)를 마쳤다. '황금의 입'으로 불리는 요한 크리소스톰의 구제와 영혼의 치료(John Chrysostom on Almsgiving and the Therapy of the Soul)에 관해 연구한 박사학위 논문이 브릴(Brill) 출판사의 세계교부학 시리즈 제 1권으로 출판되었다. 현재 고신대학교 신학과 교회사 교수로 섬기고 있고 동서방 기독교 문화연구회 임원으로 활동하고 있다.

국내외 학계에서도 활발히 활동하여 *Augustinianum*에서 논문을 출판했고 현재 고대후기 종교와 의학, 철학 간의 연구를 주도하고 있는 국제연구그룹(ReMeDHe: Religion, Medicine, Disability, and Health in Late Antiquity)에 속해있다. 한국연구재단 신진연구 지원사업에도 여러 차례 선정되었다(2020, 2021). 현재 크리소스톰과 교부들의 영혼치료, 4세기까지의 초대교회 성장과 사랑의 실천, 초대교회 갈등 연구 등의 프로젝트를 진행 중이다. 교부와 초대교회사 이외에도 이러저런 삶의 이야기를 재미있게 나누기를 좋아한다.

# 참고문헌

## 1차 문헌

Aristotle | *Rhetorica*. Text and Trans. John H. Freese. Loeb Classical Library
(이후 LCL로 표기) 193. 1926.

Epicurus | *Letter to Menoeceus*. Text and Trans. R. D. Hicks. LCL 185:648-59.
1925.

John Chrysostom | *De sacerdotio 1-6*. ed. Anne M. Malingrey. *Sur le Sacerdoce:
Dialogue et Homélie*. Sources chrétiennes 272. 1980.

Plato | *Phaedrus*. Text and Trans. Harold N. Fowler. LCL 184: 405-580. 1914.

## 2차 문헌

Bachmann, U | "Medizinisches in den Schriften des griechischen Kirchenvaters
Johannes Chrysostomos." D.Med. diss., Universität Dussseldorf,

1984.

Bae, Junghun | *John Chrysostom on Almsgiving and the Therapy of the Soul.* Paderborn: Brill, 2021.

Barry, Jennifer | "Diagnosing Heresy: Ps.-Martyrius's Funerary Speech for John Chrysostom." *Journal of Early Christian Studies* (이후 *JECS*) 24 (2016), 395-418.

Bosinis, Constantine | "Two Platonic Images in the Rhetoric of John Chrysostom: 'The Wings of Love' and 'The Charioteer of the Soul.'" *Studia Patristica* (이후 *SP*) 41(2006), 433-38.

Brändle, Rudolf | "This Sweetest Passage: Matthew 25:31-46 and Assistance to the Poor in the Homilies of John Chrysostom." In *Wealth and Poverty in Early Church and Society.* Ed. Susan R. Holman. Grand Rapids, MI: Baker Academic, 2008. 127-39.

Broc-Schmezer, Catherine | "La femme de Job dans la prédication de Jean Chrysostome." *SP* 37 (2001), 396-403.

_____ | "La figure d'Anne, mère de Samuel, dans l'œuvre de Jean Chrysostome." *SP* 41 (2006), 439-44.

_____ | *Les figures féminines du Nouveau Testament dans L'œuvre de Jean Chrysostome: Exégèse et pastorale.* Paris: Institut d'études Augustiniennes, 2010.

Brottier, Laurence | "'Et la fournaise devint source': l'épisode des trois jeunes gens dans la fournaise (Dan 3) lu par Jean Chrysostome." *Revue d'histoire et de philosophie religieuses* 71 (1991), 309-27.

Cook, James | "Preaching and Christianization: Reading the Sermons of John Chrysostom." Ph.D. diss., Oxford University, 2016.

De Wet, Chris L | "Paul and Christian Identity-Formation in John

Chrysostom's Homilies *De laudibus sancti Pauli apostoli.*" *Journal of Early Christian History* 3 (2013), 34-47.

_____ | "Paul, Identity-Formation and the Problem of Alterity in John Chrysostom's Homilies In epistulam ad Galatas commentarius." *Acta Theologica Supplementum* 19 (2014), 18-41.

_____ | "Grumpy Old Men?: Gender, Gerontology, and the Geriatrics of the Soul in John Chrysostom." *JECS* 24 (2016), 491-521.

_____ | "The Preacher's Diet: Gluttony, Regimen, and Psycho-Somatic Health in the Thought of John Chrysostom." In *Revisioning John Chrysostom: New Approaches, New Perspectives.* Ed. Chris L. de Wet and Wendy Mayer. Leiden: Brill, 2019. 410-63.

Edwards, Robert G. T | "Healing Despondency with Biblical Narrative in John Chrysostom's Letter to Olympias." *JECS* 28 (2020), 203-31.

Emmenegger, Gregor Emmenegger | *Wie die Jungfrau zum Kind kam: zum Einfluss antiker medizinischer und naturphilosophischer Theorien auf die Entwicklung des christlichen Dogmas.* Fribourg: Academic Press Fribourg, 2014.

Finn, Douglas | "Sympathetic Philosophy: The Christian Response to Suffering according to John Chrysostom's *Commentary on Job.*" In *Suffering and Evil in Early Christian Thought.* Ed. Nonna V. Harrison and David G. Hunter. Grand Rapids, MI: Baker Academic, 2016. 97-119

_____ | "Job as Exemplary Father according to John Chrysostom." *JECS* 26 (2018), 275-305.

_____ | "Job and his Wife as Exemplary Figures in the Preaching of John Chrysostom." *Journal of Ancient Christianity* 23 (2019), 479-515.

Finn, Douglas and Anthony Dupont │ "Preaching Adam in John Chrysostom and Augustine of Hippo." *Vigiliae Christianae* 73 (2019), 190-217.

Fitzgerald, John T │ "The Passions and Moral Progress: An Introduction." In *Passions and Moral Progress in Greco-Roman Thought.* Ed. John T. Fitzgerald. London: Routledge, 2007: 1-26.

Gill, Christopher │ "Philosophical Therapy as Preventive Psychological Medicine." In *Mental Disorders in the Classical World.* Ed. William V. Harris. Leiden: Brill, 2013. 339-60.

Heiser, Andreas │ *Die paulusinszenierung des Johannes Chrysostomus: Epitheta und ihre Vorgeschichte.* Tübingen: Mohr Siebeck, 2012.

Holmes, Brooke │ "Disturbing Connections: Sympathetic Affections, Mental Disorder, and the Elusive Soul in Galen." In *Mental Disorders.* 147-76.

Lai, Pak-Wah │ "John Chrysostom and the Hermeneutics of Exemplar Portraits." (Ph.D. diss., Durham University, 2010

_____ │ "The Monk as Christian Saint and Exemplar in St. John Chrysostom's Writings." *Studies in Church History* 47 (2011), 19-28.

_____ │ "The Imago Dei and Salvation among the Antiochenes: A Comparison of John Chrysostom with Theodore of Mopsuestia." *SP* 67 (2013), 393-402.

Laird, Raymond │ *Mindset, Moral Choice, and Sin in the Anthropology of John Chrysostom.* Strathfield, NSW: St. Pauls Publications, 2012.

_____ │ "John Chrysostom and the Anomoeans: Shaping an Antiochene Perspective on Christology." In *Religious Conflict from Early Christianity to the Rise of Islam.* Ed. Wendy Mayer and Bronwen Neil. Berlin: De Gruyter, 2013. 129-49.

_____ | "It's All in the Mindset: John Chrysostom and the Great Moments of Personal Destiny." In *Men and Women in the Early Christian Centuries*. Ed. Wendy Mayer and Ian J. Elmer. Strathfield, NSW.: St Pauls Publications, 2014. 194-210.

Lampe, G. H. W | (eds.) *Patristic Greek Lexicon*. Oxford: Clarendon Press, 1968.

Lawrenz, Mel | *The Christology of John Chrysostom*. Lewiston, NY: Mellen University Press, 1996.

Le Coz, Raymond Le Coz | "Les pères de l'église grecque et la médicine." *Bulletin de Littérature Ecclésiastique* 98 (1997), 139-40.

Leyerle, Blake | "The Etiology of Sorrow and its Therapeutic Benefits in the Preaching of John Chrysostom." *Journal of Late Antiquity* (이후 *JLA*) 8 (2015), 368-85.

Liddell, H. G., R. Scott, and H. S. Jones | *A Greek-English Lexicon*. 9th ed. Oxford: Clarendon Press, 1996.

Malingrey, Anne-Marie | *Philosophia; étude d'un groupe de mots dans la littérature grecque des présocratiques au IVe siècle après J. C.* Paris: C. Klincksieck, 1961.

Marx-Wolf, Heidi and Kristi Upson-Saia | "The State of the Question: Religion, Medicine, Disability, and Health in Late Antiquity." *JLA* 8 (2015), 257-72.

Mayer, Wendy | "Religious Conflict: Definitions, Problems, and Theoretical Approaches." In *Religious Conflict*. 1-20.

_____ | "Medicine in Transition: Christian Adaptation in the Later Fourth-Century East," In *Shifting Genres in Late Antiquity*. Ed. G. Greatrex and H. Elton. Farnham: Ashgate 2015. 11-26.

_____ | "Shaping the Sick Soul: Reshaping the Identity of John Chrysostom." In *Christian Shaping Identity from the Roman Empire to Byzantium: Studies Inspired by Pauline Allen*. Ed. Geoffrey D. Dunn and Wendy Mayer. Leiden: Brill, 2015. 140-64.

_____ | "The Persistence in Late Antiquity of Medico-Philosophical Psychic Therapy." *JLA* 8 (2015): 337-51.

_____ | "Madness in the Works of John Chrysostom: A Snapshot from Late Antiquity." In *Concept of Madness from Homer to Byzantium: Manifestations and Aspects of Mental Illness and Disorder*. Ed. Hélène Perdicoyianni-Paléologou. Amsterdam: Adolf M. Hakkert, 2016. 349-73.

_____ | "John Chrysostom: Moral Philosopher and Physician of the Soul." In *John Chrysostom: Past, Present, Future*. Ed. Doru Costache and Mario Baghos. Sydney: AIOCS Press, 2017. 193-216.

_____ | "Medicine and Metaphor in Late Antiquity: How Some Recent Shifts are Changing the Field." *Studies in Late Antiquity* 2 (2018), 440-63.

_____ | "Re-Theorizing Religious Conflict: Early Christianity to Late Antiquity and Beyond." In *Reconceiving Religious Conflict: New Views from the Formative Centuries of Christianity*. Ed. Wendy Mayer and Chris L. de Wet. London: Routledge, 2018. 3-29.

_____ | "Preaching Hatred?: John Chrysostom, Neuroscience, and the Jew." In *Revisioning John Chrysostom*. 58-136.

Mellas, Andrew | "Tears of Compunction in John Chrysostom's *On Eutropius*." *SP* 83 (2017), 159-72.

Mercado, Juan A. Mercado | "How Close Are Contemporary Ideas on Human

Flourishing and the Classical Philosophy of Man?" In *Personal Flourishing in Organizations*. Ed. Juan A. Mercado. Cham: Springer International Pub., 2018. 11-35

Mitchell, Margaret M | *The Heavenly Trumpet: John Chrysostom and the Art of Pauline Interpretation*. Tübingen: Mohr Siebeck, 2000.

Miller, Samantha | "Chrysostom's Monks as Living Exhortations to Poverty and the Rich Life." *Greek Orthodox Theological Review* 58 (2013), 79-98.

_____ | "No Sympathy for the Devil: The Significance of Demons in John Chrysostom's Soteriology." Ph.D. diss., Marquette University, 2016.

Moore, Peter | "Chrysostom's Concept of γνώμη: How 'Chosen Life's Orientation' Undergirds Chrysostom's Strategy in Preaching." *SP* 54 (2013): 351-58.

Musgrove, Caroline J | "Oribasius'Woman: Medicine, Christianity and Society in Late Antiquity." Ph.D. diss., University of Cambridge, 2017.

Neureiter, Livia | "Health and Healing as Recurrent Topics of John Chrysostom's Correspondence with Olympias." *SP* 47 (2010), 267-72.

Naidu, Ashish | *Transformed in Christ: Christology and the Christian Life in John Chrysostom*. Eugene, OR: Pickwick Publications, 2012.

Papageorgiou, Panayiotis | "A Theological Analysis of Selected Themes in the Homilies of St. John Chrysostom on the Epistle of St. Paul to the Romans." Ph.D. diss., The Catholic University of America, 1995.

Pierson, Lloyd G | "An Analysis of John Chrysostom's Underlying Theory of Christ's Redemption in the Letters of St. Paul." Ph.D. diss., Saint Louis University, 2004.

Quantin, Jean-Louis | "A propos de la traduction de 'philosophia' dan l'Adversus oppugnatores vitae monasticae de Saint Jean Chrysostome." *Revue des sciences religieuses* 61 (1987), 187-97.

Rylaarsdam, David | *John Chrysostom on Divine Pedagogy: The Coherence of His Theology and Preaching.* Oxford: Oxford University Press, 2014.

Salem, Claire. E | "Sanity, Insanity, and Man's Being as Understood by St. John Chrysostom." Ph.D. diss., University of Durham, 2010.

Schatkin, Margaret A | *John Chrysostom as Apologist: With Special Reference to De incomprehensibili, Quod nemo laeditur, Ad eos qui scandalizati sunt, and Adversus oppugnatores vitae monasticae.* Thessalonikē: Patriarchikon Hidryma Paterikōn Meletōn, 1987.

Shaw, Teresa M | *The Burden of the Flesh: Fasting and Sexuality in Early Christianity.* Minneapolis, MN: Fortress Press, 1998.

Sorabji, Richard | *Emotion and Peace of Mind: From Stoic Agitation to Christian Temptation.* Oxford: Oxford University Press, 2000.

Stenger, Jan R | "Where to Find Christian Philosophy?: Spatiality in John Chrysostom's Counter to Greek Paideia." *JECS* 24 (2016), 173-98.

Tallon, Jonathan R | "Faith in John Chrysostom's Preaching: A Contextual Reading." Ph.D. diss., University of Manchester, 2015.

Tloka, Jutta | *Griechische Christen. Christliche Griechen. Plausibilisierungsstrategien des antiken Christentums bei Origenes und Johannes Chrysostomos.* Tübingen: Mohr Siebeck, 2005.

Tonias, Demetrios E | *Abraham in the Works of John Chrysostom.* Minneapolis: Fortress Press, 2014.

Van der Eijk, Philip J | *Medicine and Philosophy in Classical Antiquity: Doctors and Philosophers on Nature, Soul, Health and Disease.* Cambridge:

Cambridge University Press, 2005.

VanVeller, Courtney W | "Paul's Therapy of the Soul: A New Approach to John Chrysostom and Anti-Judaism."Ph.D. dissertation, Boston University, 2015.

Verhoeff, Maria | "A Genuine Friend Wishes to be a Debtor: John Chrysostom's Discourse on Almsgiving Reinterpreted." *Sacris Erudiri* 52 (2013), 47-66

_____ | "More Desirable than Light Itself: Friendship Discourse in John Chrysostom's Soteriology." Ph.D. diss., Katholieke Universiteit Leuven, 2016.

_____ | "Seeking Friendship with Saul: John Chrysostom's Portrayal of David."*SP* 83 (2017), 173-84.

Volp, Ulrich | "'That Unclean Spirit Has Assaulted You from the Very Beginning': John Chrysostom and Suicide." *SP* 47 (2010), 273-86.

Xueying Wang | "John Chrysostom on the Premature Death of Children and Parental Grief." *JECS* 27 (2019), 443-63.

Walker, Becky J | ""Queen of the Virtues": Pastoral and Political Motivations for John Chrysostom's Exaltation of Aimsgiving." Ph.D diss, Saint Louis University, 2018.

Wilcoxson, Jonathan P | "The Machinery of Consolation in John Chrysostom's Letters to Olympias." *SP* 83 (2017), 37-72.

Wright, Jessica | "Between Despondency and the Demon: Diagnosing and Treating Spiritual Disorders in John Chrysostom's *Letter to Stageirios.*" *JLA* 8 (2015), 352-67.

_____ | "John Chrysostom and the Rhetoric of Cerebral Vulnerability." *SP* 81 (2017), 209-26.

Zincone, Sergio │ "Essere simili a Dio: l'esegesi crisostomiana di Mt 5:45." *SP* 18 (1986), 353-58.

배정훈 │ "구제와 영혼의 치유에 대한 존 크리소스톰의 사상 연구: 그의 마태복음 설교를 중심으로." 「성경과 신학」 88 (2018), 121-49.

_____ │ "희망과 두려움의 수사학: 존 크리소스톰의 구제담론에서 보상과 심판의 영혼치유적 역할." 「장신논단」 50 (2018), 67-93.

_____ │ "구제, 영혼의 치유, 구원: 요한 크리소스톰과 고대 철학적 치유의 기독교화." 「한국교회사학회지」 54 (2019), 167-204.

_____ │ "세상 속에서의 수도적 삶: 마태복음 7장 13-14절에 대한 요한 크리소스톰의 해석." 「갱신과 부흥」 40 (2019), 32-70.

배요한 │ "이수정의 신앙고백문에 대한 유교철학적 분석." 「장신논단」 38 (2010), 481-504.

_____ │ 『신학자가 풀어 쓴 유교 이야기: 그리스도인이 알아야 할 유교의 모든 것』. 서울: IVP, 2014.

신문계 │ "실존적 공허를 극복하기 위한 프랑클의 실존분석적 로고테라피와 철학상담." 「신학과 실천」 61 (2018), 301-29.

이진남 │ "인지주의 치료와 스토아 철학." 「인간연구」 39 (2019), 47-75.

이만열 │ 『한국기독교의료사』. 서울: 아카넷, 2003.

옥성득 │ 『한국기독교형성사: 전통종교와 개신교의 만남, 1876-1915』. 서울: 새물결플러스, 2020.

아우구스티누스의 『신국론』에 나타난 사랑의 갈등

EARLY CHURCH

Patristic Theology Project

# 아우구스티누스의 『신국론』에 나타난 사랑의 갈등

우병훈 박사 (고신대학교 신학과, 교의학)

"하나님을 사랑하지 않는 사람은
자기 자신조차도 사랑하지 않는 셈인데
어떻게 이웃을 자기 몸처럼 사랑하겠습니까?"
아우구스티누스, 『요한복음 강해』 83.3.[1]

---

1    *Jo. ev. tr.* 83.3 (CCL 36,536): "qui enim non diligit deum, quomodo diligit proximum tamquam seipsum, quandoquidem non diligit et seipsum?" 여기에서 CCL은 "Corpus Christianorum. Series Latina"의 약자이다. 이 글에서 별다른 언급 없이 제목 혹은 약어로만 인용된 작품은 모두 아우구스티누스의 것이다. 아우구스티누스의 생애 및 주요 작품 목록과 그에 대한 약어에 대해서는 본 연구 제일 마지막에 실린 부록에 나와 있다. 더 포괄적인 목록은 아래 문헌들을 보라. Allan

# I. 들어가는 말: 아우구스티누스의 사랑론을 향한 비판

아우구스티누스(354-430년)의 사상은 사랑으로 수렴되는 특징이 있다. 에티엔느 질송(Etienne Gilson)은 하나의 학설이 사랑과 더불어 조직되면 조직될수록 더욱 아우구스티누스적이 된다고 말한 바 있다.[2] 그런데 학자들 중에는 아우구스티누스의 사랑 개념에 대해 비판한 이들이 적지 않다. 대표적으로 안더스 니그렌(Anders Nygren)은 그의 유

---

D. Fitzgerald, ed., *Augustine through the Ages: An Encyclopedia* (Grand Rapids: Eerdmans, 1999), xxxv-xlii; 포시디우스, 『아우구스티누스의 생애』(*Vita Augustini*), 이연학, 최원오 역주 (왜관: 분도출판사, 2008), 170-81. 위에서 제시한 책의 권수와 설교 편수에 대해서는 학자들마다 다른 견해를 가진다. 가령 이연학과 최원오는 아우구스티누스의 소실된 작품까지 합쳐서 모두 134개의 작품 목록을 제시한다(포시디우스, 『아우구스티누스의 생애』, 170-81 참조).

2   에티엔느 질송, 『아우구스티누스 사상의 이해』, 김태규 역 (서울: 성균관대학교출판부, 2010), 464: "그러므로 우리가 '그 학설은 애덕과 더불어 조직되어 가는 정도에 따라 그것이 아우구스티누스적이다.'라고 한다면 아우구스티누스 자신의 생각을 잘 표현한 것이 될 것이다." 프랑스어 원본과 영역은 아래와 같다. Etienne Gilson, *Introduction à l'étude de Saint Augustin*, 3. éd. (Paris: Librairie philosophique J. Vrin, 1940), 314: "On ne ferait donc, semble-t-il, que formuler la pensée d'Augustin lui-même en disant qu'une doctrine est augustinienne dans la mesure où elle tend plus complètement à s'organiser autour de la charité." Etienne Gilson, *The Christian Philosophy of Saint Augustine*, trans. L.E.M. Lynch (New York: Random House, 1960), 238: "It seems then that we should only express Augustine's own mind if we said that the more a doctrine tends to be built around charity the more Augustinian it is."

명한 책 『아가페와 에로스』에서 아우구스티누스가 말하는 "카리타스 (caritas, 사랑)" 개념은 기독교적 아가페 동기와 신플라톤적 에로스 동기의 고전적인 연합인 제3의 사랑관이라고 주장했다.[3] 그러한 혼합적 관점의 뿌리는 오리게네스에게 이미 나타났지만, 아우구스티누스가 가장 분명하게 제시하였고 그의 개념은 중세에 큰 영향을 끼쳤다. 니그렌에 따르면, 아우구스티누스의 카리타스 개념은 인간이 자기 안에 결여된 요소를 하나님 안에서 찾는 것이며, 기본적으로는 자기 추구적 사랑이기에, 신약 성경이 가르친 아가페적 사랑과는 거리가 멀다. 니그렌은 "카리타스는 본질에 있어서 '하나님을 향한 사랑'이다. 그러

---

3   Anders Nygren, *Agape and Eros: The Christian Idea of Love* (Philadelphia: The Westminster Press, 1953), 449-562(Part II, Chapter Two). 이 책은 아래와 같이 우리말로 번역되어 있다. 안더스 니그렌, 『아가페와 에로스』, 고구경 역 (서울: CH북스, 1998), 제2부 제2편. 니그렌과 유사한 문제 제기를 제시하는 아래 작품들을 보라. Gunnar Hultgren, *Le commandement d'amour chez Augustin; interprétation philosophique et théologique d'aprés les écrits de la période 386-400* (Paris: J. Vrin, 1939); Josef Brechtken, *Augustinus Doctor Caritatis: sein Liebesbegriff im Widerspruch von Eigennutz und selbstloser Güte im Rahmen der antiken Glückseligkeits-Ethik* (Meisenheim (am Glan): Hain, 1975). 그리고 아우구스티누스의 사랑론을 행복주의 혹은 목적론적 관점에서 볼 것인가, 아니면 이기적이지 않은 의무론적 관점에서 볼 것인가에 대한 논의에 대해서는 아래 책들을 보라. John Burnaby, *Amor Dei: A Study of the Religion of St. Augustine*, Hulsean Lectures 1938 (London: Hodder & Stoughton, 1938); Knut Ragnar Holte, *Béatitude et sagesse: saint Augustin et le problème de la fin de l'homme dans la philosophie ancienne* (Paris: Études augustiniennnes, 1962).

나 아우구스티누스에 따르면, '모든' 사랑은 —비록 하나님을 향한 사랑이라 할지라도— 획득적 사랑이며, 그렇기에 어떤 의미에서는 '자기 사랑'이다."라고 단언한다.[4]

한나 아렌트(Hannah Arendt)는 자신의 박사학위 논문에서 아우구스티누스의 사랑 개념은 한편으로는 이웃 사랑을 고립시키면서도 다른 한편으로는 이웃 사랑을 가능하게 하는 모순적 특징을 지니고 있다고 주장한다.[5] 그에 따르면, 하나님에게 돌아간 인간은 자기부정의 삶을 살아야 하는데, 이러한 자기부정은 세계에 대한 기독교인의 기본 태도를 형성하며, 그 실현은 이웃 사랑으로 나타난다. 카리타스적인 이웃 사랑은 이웃을 "하나님이 하시듯이(*sicut Deus*)" 사랑해야 하며, "

---

4    Nygren, *Agape and Eros*, 532: "Caritas is in essence *love to God*. Yet according to Augustine, *all* love—even that which is directed to God—is acquisitive love and so, in a certain sense, *self-love*." (인용문의 모든 강조는 니그렌의 것이다.)

5    Hannah Arendt, *Der Liebesbegriff bei Augustin: Versuch einer philosophischen Interpretation* (Berlin: J. Springer, 1929); Hannah Arendt, *Der Liebesbegriff bei Augustin: Versuch einer philosophischen Interpretation*, ed. Frauke A. Kurbacher, 1st ed. (Hamburg: Felix Meiner Verlag, 2018). 본 연구에서는 가끔씩 2018년 독일어판을 참조하되, 영역과 해설이 담긴 아래 작품을 주로 참조하였는데, 그 이유는 아렌트의 수정본이 반영되어 있기 때문이다. Hannah Arendt, *Love and Saint Augustine*, ed. Joanna Vecchiarelli Scott and Judith Chelius Stark (Chicago: University of Chicago Press, 1996). 이 마지막 책은 아래와 같이 우리말로 번역되어 있다. 한나 아렌트, 『사랑 개념과 성 아우구스티누스』, 서유경 역 (서울: 텍스트, 2013).

자기 자신을 사랑하듯이(*tamquam se ipsum*)" 사랑해야 한다.[6] 그런데 이렇게 자기를 부인하는 사람이 이웃을 만나고 사랑하는 길은 이웃을 사랑하는 하나님의 법과 하나님이 주시는 은총을 통해서 가능하다. 그래서 아렌트는 아우구스티누스에게 있어서 "사랑의 완수는 신의 은총에 달려 있고, 자신의 이웃을 사랑하는 능력은 신에 대한 사랑에 달려 있다."라고 결론 내린다.[7] 그런데 여기에서 문제가 생긴다. 아렌트에 따르면, 기독교인은 하나님이 하시는 대로 사랑하고 증오한다. 하나님의 사랑을 받아들이면서 인간은 자신을 부인했기 때문이다. 기독교인은 이처럼 자신을 포기함으로써 세계 내 모든 관계도 함께 포기한다. 이웃은 이제 친구 또는 적으로서의 의미를 상실한다. 기독교인에게 이웃은 "모든 사람(*omnis homo*)"이 된다.[8] 그렇기에 아렌트는 아우구스티누스에 따른 이웃 사랑이 사랑하는 자 자신을 절대적 고립 속에 남겨두며, 세계는 고립된 현존의 입장에서 볼 때 하나의 사막으로 남게 된다고 주장한다.[9] 자기부정의 계명으로서 이웃 사랑은 절대적으로 고립된

---

6    Arendt, *Love and Saint Augustine*, 93; 아렌트, 『사랑 개념과 성 아우구스 티누스』, 166.

7    『바울의 갈라디아서 주석』 45. Arendt, *Love and Saint Augustine*, 94; 아 렌트, 『사랑 개념과 성 아우구스티누스』, 167.

8    Arendt, *Love and Saint Augustine*, 43; 아렌트, 『사랑 개념과 성 아우구스 티누스』, 96.

9    Arendt, *Love and Saint Augustine*, 94; 아렌트, 『사랑 개념과 성 아우구스 티누스』, 167.

사람이 어떻게 이웃을 가질 수 있는지를 설명하지 못한다는 것이다.

아렌트는 아우구스티누스의 사상에 있는 이러한 딜레마를 인간이 공통으로 처한 역사적 현실을 지적함으로써 해결하고자 했다. 카리타스의 사랑은 자기를 부인하고 전적으로 하나님의 은총과 법에 의존하는 사랑이므로 사실상 이웃으로부터 고립을 유발시키지만, 그럼에도 아우구스티누스의 사상에는 이웃의 고유한 자리가 발견된다는 것이다. 그것은 바로 모든 인간이 "아담의 후손"이라는 역사적 사실이다. 바로 그 사실에 근거하여 모든 인간은 평등성을 가지며, 숙명의 동반자 관계가 되며, 사회적 동료 의식을 갖게 된다.[10] 인류 전체라는 측면에서 볼 때 인간은 아담의 후손이며, 생식과정을 통해 원죄를 물려받은 자로서 연대성을 지닌다. 여기에서 이웃 사랑은 인간이 공동의 숙명을 지닌 공동체라는 사실에서 도출된다. 그리고 이러한 이웃 사랑은 세계로부터의 고립이 아니라 연대를 전제한다.[11] 이런 식으로 해서 아렌트는 아우구스티누스에게서 이웃 사랑의 자리를 찾았지만, 그럼에

---

10   Arendt, *Love and Saint Augustine*, 100; 아렌트, 『사랑 개념과 성 아우구스티누스』, 177.

11   Arendt, *Love and Saint Augustine*, 100n10; 아렌트, 『사랑 개념과 성 아우구스티누스』, 177n10. 이 지점에서 『신국론』 14.1과 12.22를 길게 인용하고 있다. 아렌트에 대한 보다 깊은 논의는 우병훈, "아우구스티누스의 공공신학에 대한 두 현대 이론 분석: 한나 아렌트와 진 엘슈테인의 대표적 연구서에 나타난 『신국론』 해석을 중심으로," 「갱신과 부흥」 25 (2020): 82-103을 보라.

도 그녀는 여전히 아우구스티누스의 사상에서 하나님 사랑과 이웃 사랑의 딜레마는 해결되지 못한다고 보고 있다.

베르너 진론드(Werner G. Jeanrond)의 『사랑의 신학』(A Theology of Love)에서도 역시 아렌트의 논지를 이어간다.[12] 그는 아우구스티누스의 사랑론이 "인간 공동체를 형성하는 데 도움이 되지 않는 사랑에 관한 신학"이며, 아우구스티누스에 따르면 "인간 공동체의 형성은 다만 원죄로 조건지워진 인간 상태의 필수성에 근거할 따름"이라는 것이다.[13] 진론드는 아우구스티누스의 사랑에 대한 신학에서 네 가지를 배울 수 있다고 주장한다. 그것은 사랑론이 인간론, 우주론, 인간 경험을 배경으로 형성되어야 한다는 것, 사랑론이 성경주석에 근거해야 한다는 것, 사랑론이 인간의 주관성과 작용에 대한 이해와 함의를 가져야 한다는 것, 사랑론이 공동체와 변혁에 대한 이해와 적용점을 가져야 한다는 것이다.[14] 하지만 이러한 네 측면은 모두 방법론과 관련한 부분이지, 내용과 관련한 부분은 아니다. 진론드는 아렌트의 아우구스티누스 독법을 매개로 삼아, 아우구스티누스의 사랑론은 한 개인으로 하여금 사회정치적 영역으로부터 오히려 물러나도록 만든다고 주장

---

12    Werner G. Jeanrond, *A Theology of Love* (London: T&T Clark, 2010), 57-61.

13    Jeanrond, *A Theology of Love*, 61.

14    Jeanrond, *A Theology of Love*, 61-64.

한다.[15] 진론드에 따르면, 아우구스티누스의 사랑은 천국에 살지, 지상에 살지 않는다.[16]

마사 누스바움(Martha Nussbaum)도 역시 아우구스티누스의 사랑론을 비판적으로 다룬다.[17] 흥미롭게도 진론드와 마찬가지로 누스바움도 아렌트를 여러 차례 인용하면서 아우구스티누스를 비판한다. 누스바움에 따르면, 아우구스티누스의 사랑론은 공동체적 삶을 위한 근거로서 도덕적 작용에 대한 만족스러운 견해를 제공하지 않는다. 그의 사랑론은 너무나 내세적이라서, 구체적인 세상의 불의에 직면할 때에는 수동적이고 순응적인 "최면에 걸린 덕들(soporific virtues)"을 낳는다.[18] 그리하여 아우구스티누스는 사랑해야 할 대상을 갈망하는 것, 그에 대해 알고자 호기심을 가지는 것, 독립적인 행동을 시작하려는 갈망을 갖는 것 등등을 수치스러운 것 심지어 "근본악(radical evil)"으로 만들어 버리고, 결국 교회의 권위 앞에 의지를 굴복시키는 것만 남겨

---

15    Jeanrond, *A Theology of Love*, 58. 아우구스티누스의 사랑 개념이 정치적 악덕을 형성한다는 아렌트의 주장에 대한 설명은 아래를 보라. Eric Gregory, *Politics and the Order of Love: An Augustinian Ethic of Democratic Citizenship* (Chicago, IL: University of Chicago Press, 2008), 197-240.

16    Jeanrond, *A Theology of Love*, 64.

17    Martha Nussbaum, *Upheavals of Thought: The Intelligence of Emotions* (Cambridge: Cambridge University Press, 2001), 547-56. 이 책은 우리말로 번역되어 있다. 마사 누스바움, 『감정의 격동』, 조형준 역 (서울: 새물결, 2015).

18    Nussbaum, *Upheavals of Thought*, 553.

놓는 사람으로 묘사된다.[19] 그 안에서는 이 세상은 다만 잠정적인 세상이 되며, 어떤 행동이든 별로 중요한 것으로 여겨지지 않으며, 이 땅에서의 고통은 하나님 존전으로 나아가게 하는 초월적 아름다움으로 미화되고 만다는 것이다.[20] 이처럼 누스바움은 아우구스티누스의 사랑론은 니체가 비판했던 태도 즉, 저 세상을 향한 갈망이 사람들로 하여금 이 세상에서는 잠들게 만들어 버리는 태도를 양산하는 것이라 주장한다.[21]

이상과 같이 니그렌, 아렌트, 진론드, 누스바움의 비판은 다양한 측면에서 아우구스티누스의 사랑론을 비판하지만, 공통점이 하나 있다. 그것은 그의 사랑론에는 이웃을 진정으로 사랑할 수 있는 여지가 없으며, 그 결과 이 땅의 정치적, 사회적 문제에는 무관심한 기독교인을 양산한다는 주장이다. 다른 말로 표현하면, "아우구스티누스의 사랑론에는 하나님 사랑과 이웃 사랑이 갈등을 일으킨다."는 주장이다. 본 연

---

19  Nussbaum, *Upheavals of Thought*, 555: "The politics of Eden is this: be ashamed of your longing for objects, your curiosity to know them, and your very wish to originate independent actions. Be so ashamed that you see this as radical evil, and yield your will before the authority of the church. But also: be consoled, for this is a merely provisional world, and the actions you would like to undertake here do not matter greatly; all of your suffering will ultimately be made up by the transcendent beauty of coming into the presence of God."

20  Nussbaum, *Upheavals of Thought*, 555.

21  Nussbaum, *Upheavals of Thought*, 553.

구는 아우구스티누스의 사랑론에 대한 이러한 비판이 사실은 그의 작품을 오독한 결과임을 보여주고자 한다. 아우구스티누스의 사랑론에 대한 이러한 옹호와 변호는 이미 여러 학자들에 의해 이뤄졌다. 그중에 대표적인 학자들이 롤란드 테스크(Roland Teske), 판 바벨(Tarsicius J. van Bavel), 로완 윌리엄스(Rowan Williams) 등이다.[22] 본 연구는 이들의 작업들을 참조하면서, 아우구스티누스의 『신국론』을 중심으로 그의 사랑론에 제기되는 이 문제를 해결해 보고자 한다. 134권이 넘는 아우구스티누스의 작품들 가운데 유독 『신국론』을 중심으로 다루는 이유는, 이상에서 제시했던 니그렌, 아렌트, 진론드, 누스바움의 비판을 가장 효과적으로 반박할 수 있는 작품이 이 작품이기 때문이다.

　글의 순서는 다음과 같다. 우선 아우구스티누스의 사랑론을 개괄적으로 소개한 다음, 『신국론』에 나타난 하나님 사랑과 이웃 사랑의 관계를 다루고, 마지막으로 그 두 가지 사랑 사이의 갈등이 해소되는 과

---

22　Roland J. Teske, "Love of Neighbor in Augustine," in *To Know God and the Soul: Essays on the Thought of Saint Augustine* (Washington, DC: Catholic University of America Press, 2008), 70–90(테스크는 이 글에서 『기독교의 가르침』 1.22.20–1.35.39를 주로 다루었다); Tarsicius J. van Bavel, "The Double Face of Love in Augustine," *Augustinian Studies* 17 (1986): 169–81; Tarsicius J. van Bavel, "'No One Ever Hated His Own Flesh': Eph. 5:29 in Augustine," *Augustiniana* 45 (1995): 45–93; Rowan Williams, *On Augustine* (London: Bloomsbury, 2016), chap. 11. 마지막 책은 우리말로 아래와 같이 번역되었다. 로완 윌리엄스, 『다시 읽는 아우구스티누스』, 이민희, 김지호 역 (고양: 도서출판100, 2021).

정에서 드러나는 함의들을 제시하겠다.

## II. 아우구스티누스의 사랑론 개요

### 1. 사랑의 정의와 중요성

『신국론』에 나타나는 사랑의 갈등에 대해서 본격적으로 살펴보기 전
에 아우구스티누스의 사랑론의 개요를 살펴보는 것이 기초 작업으로
필요하다.[23] 아우구스티누스는 사랑의 신학자이다. 사랑이라는 주제에
대해서 그보다도 더 심오하게 논한 교부는 없다고 할 정도로 그는 사
랑에 대해 많이 논하였다. 그는 『고백록』에서 자신의 인생 전체를 하
나님의 사랑을 향해 찾아가는 여정, 아니 하나님께서 사랑으로 그를
하나님께로 이끌어 가시는 과정으로 묘사한다. 『고백록』 1권 1장에 나
오는, "주님 향하도록 우리를 지으셨으니, 우리 마음 주 안에서 쉬기까
지 쉬지를 못하나이다(*Fecisti nos ad te et inquietum est cor nostrum donec
requiescat in te*)."라는 고백은 이러한 사실을 잘 말해 준다.

---

23     이하의 내용은 Tarsicius J. van Bavel, "Love," in *Augustine through the
Ages: An Encyclopedia*, ed. Allan Fitzgerald (Grand Rapids: Eerdmans,
1999), 509-16의 논의를 따라가되, 여러 2차 작품들을 더 참조했고, 무
엇보다 아우구스티누스의 원전을 직접 참조하여 작성하였다.

아우구스티누스는 "amor", "caritas" 그리고 "dilectio"라는 세 가지 라틴어 단어를 상호교차적으로 사용한다. 이 용어들 사이에 차이가 있으며, "dilectio"가 긍정적인 의미를 가지며, "amor"는 부정적인 의미를 가진다고 생각했던 몇몇 고대와 현대의 저술가들의 의견은 잘못된 것임이 아우구스티누스 자신의 작품에서 드러난다. 대표적으로, 『신국론』 14.7를 보면, 이 세 단어들이 상호교차적으로 사용되고 있다. 여기에서 아우구스티누스가 "dilectio"와 "amor"를 구분하는 그 당시의 저자들의 견해를 거부하고 있음을 분명히 알게 된다.[24]

아우구스티누스에 따르면, 사랑은 "하나가 되기 위한 움직임"이다 (*div. qu.* 35.1).[25] 또한 그것은 지향(선호하거나 좋아하는 감정), 움직임(운동), 혹은 노력이다. 무엇보다 사랑은 영혼과 생명의 힘이다. 우리는 사랑에 근거해서 살아간다. 사랑이 인생의 선한 길과 악한 길을 결정한다(*c. Faust.* 5.11). "온갖 사랑은 무엇인가? 그것이 사랑하는 대상과 하나가 되고 싶어하지 않던가? 그리고 그 대상에 도달했을 때, 그것과 하나가 되지 않던가(*ord.* 2.18.48)?"[26] 따라서 아우구스티누스에

---

24    *civ. Dei* 14.7 (CCL 48,421-22)=아우구스티누스, 『신국론』, 제11-18권 (왜관: 분도출판사, 2004), 1450-53.

25    조나단 에드워즈는 "연합"의 성향을 가지고, 이웃 사랑이 하나님 사랑의 연장이라고 설명한다. 아래 논문을 보라. 강웅산, "조나단 에드워즈의 도덕철학에 나타나는 하나님 사랑과 이웃 사랑의 관계", 「한국개혁신학」 65 (2020): 51-79.

26    *ord.* 2.18.48 (CSEL 63,181): "quid amor omnis? nonne unum uult fieri

따르면, 사랑이란 사랑하는 자와 사랑의 대상을 연합시키는 혹은 연합
시키려 하는 생명의 힘이다.

사랑은 인간 존재의 가장 심오한 요소이다. 학문이나 과학이 전달
하는 지식도 중요하지만, 사람은 단지 이러한 과학적 지식만으로 좋은
인격이 되지는 않는다. 아우구스티누스에 따르면 오직 사랑만이 좋은
사람을 만든다. 사랑 없는 지식은 우리를 구원하지 못한다(c. ep. Pel.
4.5.11; ep. Jo. 2.8). 여기에서 아우구스티누스 신학에서 아주 중요한 한
가지 측면이 발견되는데, 그에게 있어서는 하나님을 사랑하는 것과 아
는 것, 하나님을 경험하고 닮아가는 것이 모두 함께 일어나는 일이라
는 사실이다.[27] 사랑에 의해서 우리는 "나"라고 불리는 작은 세상의 경
계를 넘어, 우리 자신 밖으로 이끌린다.[28] 우리가 추구하는 것은 무엇

---

cum eo, quod amat et, si ei contingat, unum cum eo fit?" 여기에서
CSEL은 De Gruyter 출판사에서 출간하는 라틴교부 작품 비평본 시리
즈인 Corpus Scriptorum Ecclesiasticorum Latinorum 시리즈의 약어이
다. 참고로, 이 책의 우리말 번역은 아래를 보라. 아우구스티누스, 『질
서론』, 성염 역 (왜관: 분도출판사, 2017), 245. 이 연구에서 아우구스
티누스 및 모든 2차 문헌에 대한 번역은 필자의 것이다. 다른 번역자들
의 번역물을 인용할 때에도 필자가 직접 원전을 검토하고 재번역한 경
우가 대부분이다.

27  사랑과 앎은 아우구스티누스의 사상에서 깊은 연관성을 지닌다. 이런
    측면을 "나는 알기 위해 사랑한다"라고 정리한, 제임스 스미스, 『아우구
    스티누스와 함께 떠나는 여정』, 박세혁 역 (파주: 비아토르, 2020), 224-
    26를 보라.

28  판넨베르크는 "세계에 대한 개방성(Weltoffenheit)"과 "하나님을 향한

이든지 그 어떤 물리적 강압도 없이 사랑을 통해서 우리를 이끈다(*en. Ps.* 39.11; *Jo. ev. tr.* 26.4 - 5). 사랑만이 인간을 구분 짓는다. 사랑만이 인간의 행동을 구분 짓기 때문이다. 우리는 사람들이 말하는 것을 주목하지 않고, 그들의 행동과 마음을 주목해야 한다. 오직 사랑만이 한 사람을 다른 사람과 구분하는 이유는 사람은 그가 사랑하는 것이기 때문이다(*ep. Jo.* 5.7 - 8; 2.14).

아우구스티누스에 따르면, 사랑의 중심성은 모든 덕이 사랑의 형태라는 사실에서도 나타난다. 고대 그리스 철학에서 사주덕(四主德)은 지혜, 용기, 절제, 정의였다. 로마인들은 이를 사려, 용기, 절제, 정의로 표현하였다. 아우구스티누스는 이 네 가지 덕을 사랑으로 재진술한다(*mor.* 1.15.25). "절제"는 사랑하는 대상에게 자신을 전부 주는 사랑이다. "용기"는 사랑하는 대상을 위해 의도적으로 모든 것을 견디는 사랑이다. "정의"는 사랑하는 대상만을 섬기는 사랑이며 따라서 올바르게 다스리는 사랑이다. "사려"는 사랑에 도움이 되는 것과 방해가 되는 것 사이를 지혜롭게 선택하는 사랑이다.[29] 이러한 사랑은 사실 일

---

개방성(*Gottoffenheit*)"이 인간의 본질을 구성한다고 주장한다. 볼프하르트 판넨베르크, 『인간이란 무엇인가』, 유진열 역 (서울: 쿰란출판사, 2010), 제1장.

29  *mor.* 1.15.25 (CSEL 90,29-30): "temperantia sit amor integrum se praebens ei quod amatur, fortitudo amor facile tolerans omnia propter quod amatur, iustitia amor soli amato seruiens et propterea recte dominans, prudentia amor ea quibus adiuuatur ab eis quibus impeditur

반적인 사랑이 아니라, 하나님의 사랑에서 가장 잘 드러난다. 하나님은 최상의 선이시며, 최고의 지혜이시며, 최고의 조화이시다. 따라서 앞에서 말한 덕을 다시 설명할 수 있다. 절제는 하나님을 위해서 전적으로 또한 흠 없이 섬기는 사랑이다. 용기는 하나님 때문에 모든 것을 의도적으로 견디는 사랑이다. 정의는 하나님만을 섬기는 사랑이며, 따라서 인간에게 속한 것을 잘 다스리는 사랑이다. 사려는 하나님께 다가가는 데 도움이 되는 것과 그것에 방해가 되는 것을 올바르게 구분하는 사랑이다.[30]

아우구스티누스는 심지어 일상생활의 간단한 덕들조차 사랑의 형태들로 여긴다. 기쁨, 평화, 인내, 선의, 충성, 친절, 정직 등은 모두 사랑에 근거하고 있다. 만약 사랑이 없다면, 그 누구도 친절하거나, 믿음직하거나, 온화하거나, 정직할 수 없다. 덕은 사랑의 질서(*ordo caritatis*)이며, 질서 지워진 사랑(*amor ordinatus*)이다(*civ. Dei* 15.22). 모든 선과 악은 사랑에 달려있다. 사랑은 용서를 가능하게 하고 모든 죄를 사라지게 한다. 반면에 사랑의 부족은 모든 죄의 원인과 승인이 된다(*ep. Jo.* 1.6; 5.2). 사랑은 역동적인 현실성이다. 사랑은 시작과 완성을 가진

---

sagaciter seligens." Augustine of Hippo, *The Catholic and Manichaean Ways of Life*, ed. Roy Joseph Deferrari, trans. Donald A. Gallagher and Idella J. Gallagher, vol. 56, The Fathers of the Church (Washington, DC: The Catholic University of America Press, 1966), 22.

30    Augustine of Hippo, *The Catholic and Manichaean Ways of Life*, 23.

다. 사랑과 정의는 함께 갈 수 있다.[31] 사랑이 시작되면 정의도 시작된다. 사랑이 증진되면 정의도 증진된다. 큰 사랑은 큰 정의이다. 사랑이 완성되면 정의도 완성된다(*nat. et gr.* 70,84).[32]

사랑은 그리스도인 삶의 심장이다. 사랑은 단순한 외적인 표지와 절대 동일시될 수 없다. 사람들이 십자가를 표지로 만들고, "아멘"으로 반응하며, "할렐루야"로 노래하고, 교회를 다니고, 교회당을 짓고, 예언의 은사를 가지며, 세례를 받고, 성찬상에 참여하더라도, 그들이 그리스도인이라 불릴 수 있는 것은 오직 진정한 사랑의 행동을 실시할 때만이다. 선한 삶을 증명해주는 외적인 표식은 없으며, 오직 사랑만이 선한 삶을 증명한다. 사람들은 이름으로만 그리스도인이 될 수 있을

---

31 사랑과 정의가 사회정치적 영역에서 함께 필요함을 주장하는 아래의 연구들이 있다. Nicholas Wolterstorff, *Justice in Love* (Grand Rapids, MI: Eerdmans, 2011); 니콜라스 월터스토프, 『정의와 평화가 입맞출 때까지』, 홍병룡 역 (서울: IVP, 2007); Henry Stob, "The Dialectic of Love and Justice," in Stob, *Ethical Reflections: Essays on Moral Themes* (Grand Rapids, MI: Eerdmans, 1978), 140(현행법의 적절한 적용을 위해서 사랑이 필요함을 주장함). "사랑의 이중계명"을 사회정치적으로 적용하는 예를 이미 아우구스티누스의 정치신학에서 볼 수 있다. 판넨베르크도 역시 정치영역에서 정의(법)와 사랑을 동시에 강조한다. Woo, "Pilgrim's Progress in Society: Augustine's Political Thought in the City of God," 436; B. Hoon Woo, "Pannenberg's Understanding of the Natural Law," *Studies in Christian Ethics* 25/3 (2012): 363-64.

32 *nat. et gr.* 70,84 (CSEL 60,298): "caritas ergo inchoata inchoata iustitia est; caritas prouecta prouecta iustitia est; caritas magna magna iustitia est; caritas perfecta perfecta iustitia est ..."

지 모르나, 사랑의 부족은 그들이 그리스도인이 아님을 증명한다(*ep.
Jo.* 5.7; 7.6; 4.4).

사랑은 개인뿐만 아니라 인류 전체의 역사를 특징짓는다. 인류의
역사는 사랑의 역사이다. 세계의 모든 사건은 사랑을 중심으로 전개
되는데, 사랑은 모든 것의 중심에 있기 때문이다. 『신국론』에 따르면,
서로 반대되는 두 종류의 사랑, 즉 하나님 중심적인 사랑과 자기중심
적인 사랑이 두 도성을 구성한다. 전자는 하나님 중심적 사랑이며, 하
나님께 복종하며 이웃을 향하는 사랑이다. 후자는 자기중심적 사랑이
며, 자신의 유익을 구하며 타자에 대한 지배욕(*libido dominandi*)이 가
득한 사랑이다.

## 2 하나님 사랑과 이웃 사랑

아우구스티누스는 하나님 사랑과 이웃 사랑이라는 사랑의 이중계명
(마태복음 22장) 안에 하나님의 말씀이 다 들어있다고 주장한다. 아우
구스티누스는 한 설교에서 다음과 같이 말한다.

> 우리가 하나님을 사랑하고 이웃을 사랑하는 건전한 사랑은 하
> 나님 말씀의 전체 크기와 너비를 다 포괄합니다. 사랑을 붙잡
> 으십시오. 거기에 모든 것이 달려있습니다. 성경에서 여러분
> 이 이해하는 것 안에는 사랑이 드러나 있으며, 여러분이 이해

하지 못하는 것 안에는 사랑이 감춰져 있습니다.[33]

『기독교의 가르침』에서 아우구스티누스는 전체 성경의 목적이 사랑을 세우는 것이라고 주장한다(doc. Chr. 1.36.40).[34] 그는 "누구든지 계명의 목표가 깨끗한 마음과 선한 양심과 거짓 없는 믿음에서 우러나오는 사랑임(딤전 1:5)을 인식하고, 자기의 성경 이해를 오로지 이 점에 귀결시킨다면, 성경주석을 안전하게 접근할 수 있다"라고 말한다(doc. Chr. 1.40.44). 하나님을 사랑하고 이웃을 사랑하라는 사랑의 이중계명이 아우구스티누스의 성경주석의 목적이다. 그에게는 "전도"

---

33   s. 350.2 (PL 39,1534): "totam magnitudinem et latitudinem diuinorum eloquiorum secura possidet caritas, qua deum proximumque diligimus ... tene caritatem, ubi pendent omnia ... et in eo quod in scripturis intellegis, caritas patet; in eo quod non intellegis, caritas latet. ille itaque tenet et quod patet et quod latet in diuinis sermonibus, qui caritatem tenet in moribus."

34   이 작품은 아래와 같이 우리말 번역이 있다. 아우구스티누스, 『그리스도교 교양』(De doctrina Christiana), 성염 역 (왜관: 분도출판사, 2011). 하지만 책의 제목을 『그리스도교 교양』이라고 번역하는 것은 책의 내용을 잘 담아내지 못한다. 아우구스티누스는 이 책에서 기독교의 가르침을 담고 있는 '성경'을 주석하는 방법과 그 가르침을 전달하는 설교 방법에 대해 논하고 있기 때문이다. 그래서 『기독교의 가르침』이라는 번역이 더 나은 번역이 될 것이다. 이 작품에 대한 소개와 거기에 나타난 아우구스티누스의 해석학과 설교학에 대한 설명은 아래 졸고를 참조하라. B. Hoon Woo, "Augustine's Hermeneutics and Homiletics in De doctrina Christiana: Humiliation, Love, Sign, and Discipline," Journal of Christian Philosophy 17/2 (2013): 97-117.

도 하나님을 사랑하도록 이끄는 것이었다. 그는 속기사 야누아리우스(Ianuarius)에게 보낸 편지에서 이렇게 말한다.

> 그리스도의 이름 안에 있는 내 소망은 헛되지 않다네. 왜냐하면 나는 내 하나님으로 인하여 이 두 계명에 전체 율법과 선지자가 달려있다고 믿을 뿐 아니라, 또한 그것을 경험했기 때문이지. 사실 나는 성경의 그 어떤 신비나 아주 모호한 말씀도 이 두 계명을 찾지 않는다면 분명해지지 않는다는 사실을 매일 경험한다네. 이 명령들의 목적은 순결한 마음과 선한 양심과 거짓 없는 믿음과 함께 하는 사랑이기 때문이지. 그리고 사랑은 율법의 완성이기 때문이라네(딤전 1:5; 롬 13:10 참조).[35]

아우구스티누스는 성경의 내용이 사랑의 이중계명에 달려 있기에, 성경을 해석하는 열쇠도 사랑이라고 주장한다. 사랑의 이중계명에 관한 예수의 말씀은 철학자의 글과 사회의 법들을 능가한다(ep.

---

35　*ep.* 55,21,38 (CSEL 34,2,212): "sed ideo spem in nomine Christi non infructuosam gero, quia non solum credidi deo meo in illis duobus praeceptis totam legem prophetasque pendere, sed etiam expertus sum experiorque cotidie, quando quidem nullum mihi sacramentum aut aliquis sermo admodum obscurior de sacris litteris aperitur, ubi non eadem praecepta reperiam: finis enim praecepti est caritas de corde puro et conscientia bona et fide non ficta, et: plenitudo legis caritas [1 Tm 1,5]." 영어 번역은 아래를 보라. Augustine of Hippo, *Letters (1-82)*, trans. Wilfrid Parsons (Washington, DC: The Catholic University of America Press, 1951), 292-93.

55.21.38). 모세가 쓴 모든 것은 사랑의 이중계명의 관점에서 의미하고 쓰였다. 그러므로 "새 계명을 너희에게 주노니: 서로 사랑하라 내가 너희를 사랑한 것 같이 너희도 서로 사랑하라"(요 13:34)는 그리스도의 말씀은 사도들과 우리 자신을 그리스도인으로 새롭게 할 뿐만 아니라 첫 언약 시대에 살았던 족장, 선지자 그리고 의인들도 새롭게 했다(*gr. et lib. arb.* 18.37; *Jo. ev. tr.* 65.1).[36]

"사랑은 계명의 끝(*finis*)이다."(딤전 1:5)라는 본문에서, "끝"이라는 단어는 사랑을 없애거나 다른 가르침들을 파괴하는 것을 의미하는 것이 아니다. 그 뜻은 사랑이야말로 모든 교훈에서 반드시 언급되어야 하는 완성지점이라는 의미이다. 사랑은 모든 계명들의 가장 깊은 의미이기 때문이다(*ench.* 32.121; *en. Ps.* 31.5).

그와 동시에 아우구스티누스는 사랑을 그리스도의 성육신에서 드러내고자 한다. 그리스도는 하나님이 우리를 얼마나 사랑하시는지 보여주시고, 우리에게 하나님과 이웃을 사랑하는 법을 알려주시고자 성육신하셨다(*cat. rud.* 4.7-8). 아우구스티누스는 "사랑이 그리스도로 하여금 육신을 입게 했다. 따라서 사랑을 가지지 않는 자는 그리스도께서 육체로 오신 것을 부인한다(*ep. Jo.* 6.13)."[37]라고 단적으로 주장한

---

36    Van Bavel, "Love," 510.

37    Augustine of Hippo, *Tractates on the Gospel of John, 112-24; Tractates on the First Epistle of John*, ed. Thomas P. Halton, trans. John W. Rettig (Washington, DC: The Catholic University of America Press, 1995),

다(참조. *ep. Jo.* 6.14-7.2; 7.4; 20.31).[38]

아우구스티누스는 고전 13:13을 따라서 믿음, 소망, 사랑 중에 사랑이 제일 중요하다고 말한다. 믿음과 소망은 현세에는 필요하지만, 그리스도께서 재림하시면 더 이상 필요가 없다. 모든 신자는 하나님을 직접 뵐 것이기 때문이다. 믿음의 어둠은 주님을 보는(visio Dei) 빛에 의해 사라질 것이다. 소망의 대상을 소유할 때 소망은 멈출 것이다. 하지만 사랑은 영원토록 필요하다(s. 158.7.7 – 158.9.9; *doc. Chr.* 1.38.42 – 1.39.43). 완성된 천국에서도 사랑은 필요하기 때문이다. 사랑은 사랑의 대상과 우리를 믿음과 소망이 하는 것보다 더 강한 방식으로 연합시킨다. 사랑은 다른 모든 계명들을 포함할 뿐 아니라, 믿음과 소망을 포함한다. 사랑에는 그 어느 것도 부족할 수 없다. 누구도 믿음 없이는 사랑하지 않으며, 누구도 소망 없이 사랑하지 않는다. 사랑이 있는 곳에는 반드시 믿음과 소망이 있다(*Jo. ev. tr.* 83.3).[39] 사랑을 통해서 우리와 하나님의 닮음은 커져간다. 사랑이 커질수록, 하나님과의 닮음은 더욱 커져가고, 하나님을 향한 우리의 인식도 더욱 분명해진다. 하나님은 사랑이시기 때문이다(*mor.* 1.11.18; *en. Ps.* 99.5 – 6). 사

---

214: "Therefore, love brought him to the flesh. Therefore, whoever does not have love denies that Christ has come in the flesh."

38  Van Bavel, "Love," 510.

39  *Jo. ev. tr.* 83.3 (CCL 36,536): "itaque ubi dilectio est, ibi necessario fides et spes."

랑은 우리를 영원하고 영원한 최고선이신 하나님과 연합시킨다. 오직 최고선이신 하나님만이 진정한 행복을 보장하실 수 있다. 오직 여기에서만 인간은 사랑하는 자를 잃어버릴 염려가 없기 때문이다. 한 인간에 대한 사랑은 인간이 죽으면 끝이 난다. 하지만 하나님에 대한 사랑은 영원하다. 하나님은 영원하시기 때문이다. 인간은 사랑하는 것을 닮아간다.[40] 세상을 사랑하는 사람은 세상이 되고, 영원하신 하나님을 사랑하는 사람은 하나님의 영원을 공유하게 된다(*ep. Jo.* 2.14).[41] 우리의 사랑은 우리가 최고의 선이신 하나님께 도달할 때 완벽해질 것이다. 그러면, 우리의 사랑은 증가할 것이고 점점 강해지고 더 확실해지고 더 견고해질 것이다.

아우구스티누스가 사랑의 이중계명을 중요하게 생각했지만, 그가 하나님 사랑과 이웃 사랑을 동일한 무게로 여긴 것은 아니었다. 하나님 사랑이 이웃 사랑보다 더욱 중요하기 때문이다. 그것을 그는 "사랑의 질서(*ordo amoris*)" 속에서 강조한다. 왜냐하면 누구도 하나님을 사랑함 없이는 이웃을 사랑하지 않기 때문이다(*Jo. ev. tr.* 83.3).[42] 따라서

---

40 이것은 그레고리 빌의 다음 책의 주제이기도 하다. Gregory K. Beale, *We Become What We Worship: A Biblical Theology of Idolatry* (Downers Grove, IL: IVP, 2020).

41 Van Bavel, "Love," 511.

42 *Jo. ev. tr.* 83.3 (CCL 36,536): "et ubi dilectio proximi, ibi necessario etiam dilectio dei. qui enim non diligit deum, quomodo diligit proximum tamquam seipsum, quandoquidem non diligit et seipsum?"

하나님 사랑이 먼저 와야 한다. 하지만 하나님 사랑은 언제나 이웃 사랑으로 연결된다(*Trin.* 15.18.32; *ep. Jo.* 10.1). 참된 믿음은 사랑 안에서 역사하는 믿음이다(갈 5:6). 사람의 존재가 선한지를 물어볼 때, 이것은 그 사람의 믿음이나 소망에 대해 묻는 것이 아니라, 그 사람의 사랑에 대해 묻는 것이다(*ench.* 31.117). 사랑하지 않는 사람은 그 믿는 대상이 진리라 하더라도, 헛된 것을 믿는다. 사랑하지 않는 사람은 그 소망의 대상이 참된 행복의 진정한 부분이라고 할지라도 헛된 것을 바라고 있는 셈이다. 사랑 없이 바라는 것은 가능하지 않겠지만, 때때로 사람들은 바라는 대상의 성취를 위해 필요한 것을 사랑하지 않는 경우도 있다(*ench.* 31.117).[43]

　따라서 아우구스티누스는 하나님을 먼저 사랑해야지만 이웃을 제대로 사랑할 수 있다고 주장한다. 하나님만이 "향유(*frui*)"의 대상이 되시며, 그 외 모든 피조물은 궁극적인 향유의 대상은 될 수 없다. 인간은 하나님을 향유하기 위해서 다른 피조물들을 "사용(*uti*)"해야 한다. 아우구스티누스는 인간이 다른 높은 목적을 위해 뭔가를 사용하고 누리는 것을 "사용(*uti*)"이라고 했고, 그 자체의 목적을 위해 뭔가를 누리는 것을 "향유(*frui*)"라고 했다. 아우구스티누스는 그 자체를 목적으로 하는 온전한 사랑의 대상은 하나님뿐이라고 주장한다. 반대로 하나님

---

**43**　예를 들어, 복음서에서 부자 청년은 영생을 갈망하지만, 영생을 얻기에 합당한 삶은 거부하였다(눅 18:18-30).

을 제외한 모든 것은 그 자체를 궁극적 목적으로 향유하지 않고, 하나님을 향유하기 위한 수단으로 사용되어야 한다. 그래서 아우구스티누스의 윤리는 "하나님을 즐김"과 "피조물을 사용함"이라는 두 행위 가운데 항상 위치한다.[44]

아우구스티누스의 이 논제는 비판을 불러일으켰다. 아우구스티누스에게 사랑이란 결국 하나님을 향유하는 것 즉, "최고의 선을 소유하려는 욕망"에 지나지 않는 것처럼 보이기 때문이다. 이는 이타적인 사랑을 뜻하는 "아가페"가 아니라 플라톤주의에서 말하는 일자를 향한 상승적 사랑인 "에로스"이다. 여러 학자들에 따르면, 이러한 사랑 개념에서 인간은 자신의 주관적 욕구를 충족시킬 수 있는 것을 추구하고 따라서 "탐욕적(획득을 추구하는 존재)"으로 남아있으며, 그렇기에 어떤 의미에서는 자기애에만 몰두한다. 결국 "하나님을 향한 사랑(amor Dei)"은 "자기에 대한 사랑(amor sui)"이 되고 만다는 것이다.[45] 이러한

---

44  이에 대해서는 아래 문헌들을 보라. 우병훈, 『기독교 윤리학』 (서울: 복있는사람, 2019), 104, 134; Raymond Canning, "Uti/frui," in Fitzgerald, ed., *Augustine through the Ages*, 859-861; 아우구스티누스, 『기독교적 가르침에 대하여(De doctrina Christiana)』, 제1권; Volker Henning Drecoll, *Augustin Handbuch* (Tübingen: Mohr Siebeck, 2007), 359-60(Johannes van Oort의 저술 부분), 428-34(Johann Kreuzer의 저술 부분).

45  앞에서 인용했던 Hultgren, *Le commandement d'amour chez Augustin*; Nygren, *Agape and Eros*; Brechtken, *Augustinus Doctor Caritatis*에서 그런 주장들이 나온다.

비판에 대해서 두 가지 대답이 주어져 있다.

첫째로, 인간의 모든 사랑은 어차피 에로스와 아가페가 필수적으로 함께 있을 수밖에 없다는 설명이다.[46] 판 바벨에 따르면, 인간의 모든 행위는 그것이 자신에게 선하다고 여기기 때문에 하는 것이다. 심지어 가장 이타적인 이웃 사랑의 행위, 자기희생과 같은 의무에서조차도 그러하다. 하지만 하나님을 추구하는 인간이 이웃과의 관계에서 오직 이기적으로 행동할 수는 없다. 하나님은 우리가 그분을 인생이 추구해야 할 최고의 선으로 여기고 사랑하기를 바라시는데, 그것은 결코 이기적인 삶이 아니다. 하나님을 사랑하는 사람은 또한 그의 계명들을 행하게 되어 있다. 그리고 그의 모든 계명들은 필수적으로 이웃 사랑을 지향한다.

둘째로, 최고선인 하나님을 소유하고자 하는 사랑은 오히려 지상의 사랑이 지닌 병폐를 막아준다는 설명이다. 로완 윌리엄스는 『고백록』 4.4-9에 나오는 이야기를 가지고 이를 증명한다. 아우구스티누스는 청소년기에 친밀했던 친구가 병으로 죽자 사별의 복잡한 과정을 서양 문헌 최초로 자세히 기술한다. 그것은 분노, 죽은 자에 대한 그리움, 자신에 대한 회의감, 살아남은 자의 죄책감, 한 때 친구와 공유했던 친숙한 것들을 보는 고통, 친구의 부재에 대한 묘사, 죽고 싶은 마음, 죽음을 두려워하는 마음, 죽음 자체에 대한 증오, 시간의 흐름에 따른 고

---

46    Van Bavel, "Love," 511.

통이 줄어드는 경험 등등이다.[47] 그러면서 『고백록』 4.7에서 그는 이렇게 고백한다. "아, 인간을 인간답게 사랑할 줄 모르는 미치광이여! 아, 절도(節度) 없이 인간적인 것에 시달리는 어리석은 인간이여!"[48] 여기에서 인간을 인간답게 사랑할 줄 모르는 행위는 사랑의 대상에 자신을 완전히 함몰시켜 버리거나, 사랑하는 대상을 완전히 장악하려는 욕구를 뜻한다.[49] 윌리엄스에 따르면, 하나님에 대한 사랑은 우리로 하여금 인간을 인간답게 사랑하도록 하는 근거와 토대가 된다. 이 세상의 것들의 필멸성과 한계성을 인식하면서 사랑하는 것이 바로 하나님 앞에서 사랑하는 것이다.[50] 그것이 아우구스티누스가 말하는 "사용(*uti*)"의

---

47    Williams, *On Augustine*, 193.

48    *conf.* 4.7.12 (CCL 27, 46): "o dementiam nescientem diligere homines humaniter! o stultum hominem immoderate humana patientem!" 한글 번역은 아우구스티누스, 『고백록』, 성염 역 (파주: 경세원, 2016), 144를 보라.

49    시인 존 던(John Donne)은 "애정이 우리를 죽이지 않게 하시고, 또 애정이 죽지도 않게 하소서."라고 했다. C. S. 루이스, 『네 가지 사랑』, 이종태 역 (서울: 홍성사, 2005)의 서문 앞에 인용된 시이다.

50    Williams, *On Augustine*, 194; 윌리엄스, 『다시 읽는 아우구스티누스』, 361. 유사한 설명이 다음 글에서도 발견된다. Gaetano Lettieri, "De doctrina christiana," in *Augustin Handbuch*, ed. Volker Henning Drecoll (Tübingen: Mohr Siebeck, 2007), 379-80: "인간은 자연스럽게 그리고 무의식적으로 자기 자신 즉, 자신의 영혼과 몸을 사랑할 수 있다(『기독교의 가르침』 1,22-26.39 참조). 마찬가지로 인간은 창조되고 변화하는 존재인 자신의 이웃을 오직 영원하고 불변하는 존재인 삼위일체 하나님을 사랑하는 것과 연관해서만 사랑하는 것이 허용된다(『기독교의 가

의미이다(*doc. Chr.* 1,4-5, 20-26 참조).[51] 비록 "사용"의 어감이 이상하여 아우구스티누스 자신도 나중에 이 용어를 사용하지 않게 되었지만, 그 내용은 여전히 후기 사상에서도 남아있다.[52] 아우구스티누스에게는 하나님과 관계하지 않은 채 무엇인가를 알려는 태도, 사랑하려는 태도는 환상에 불과하다고 윌리엄스는 첨언한다.[53]

　여기까지 아우구스티누스의 사랑론의 핵심적인 부분을 살펴보았다. 그러면서 우리는 아우구스티누스의 사랑론에 대한 몇몇 학자들의 비판에 대해서 또 다른 학자들의 대답을 들었다. 하지만 여전히 해결되지 않은 과제는 서두에서 제기한 질문이다. 곧, "하나님의 사랑과 이웃 사랑은 아우구스티누스의 사랑론에서 어떻게 조화될 수 있는가?" 하는 질문이다. 이제 『신국론』을 통해서 이 문제에 대한 설명들을 찾아보고자 한다.

---

르침』 1,20 이하 참조)."

51　페르하이언(Luc Verheijen)은 "uti"가 "완전한 만족을 주는 대상과 관련하여 뭔가를 사랑하는 것"이라고 정의내렸다. 이것은 윌리엄스가 위에서 말한 것처럼, 피조물의 필멸성과 한계성을 인식하면서 사랑하는 것과 상통하는 이해이다. Luc Verheijen, "Le premier livre du De doctrina christiana d'Augustin. Un traité de 'télicologie' biblique," in *Augustiniana Traiectina*, eds. J. den Boeft and J. van Oort (Paris: Études Augustiniennes, 1987), 169–87.

52　Williams, *On Augustine*, 211.

53　Williams, *On Augustine*, 194.

## Ⅲ.『신국론』에 나타난 사랑과 갈등

### 1.『신국론』의 작성 동기와 주요 내용

아우구스티누스의 작품들은 대체로 특정한 역사적, 교회적, 개인적 문제 상황에 답하고자 기록되었는데 『신국론』 역시 그러하다(*retr.* 2.43 참조). 기원후 410년 로마가 고트족에게 침입당했을 때 당시 로마인들은 그 위기의 원인을 기독교인들에게 돌렸다. 로마가 전통적인 신들을 버리고 기독교를 택했기 때문에 그런 어려움을 당했다는 비난이었다. 기독교인들 역시 혼란에 빠졌다. 어떻게 기독교 국가인 로마가 이교도의 침입에 의해 위기를 겪을 수 있는가를 물을 수밖에 없었다. 아우구스티누스는 교회 안팎의 이 두 가지 질문에 답하기 위해서 『신국론』을 집필하였다.

『신국론』은 총 22권으로 되어 있으며, 크게 두 부분으로 나눠진다. 제1권부터 10권까지는 이교도의 거짓된 가르침에 대한 반박이다. 아우구스티누스는 먼저 1-5권에서 이 세상에서의 행복이나, 로마 제국에서의 권력 강화를 위해 이교도 신을 숭배하는 자들을 비판한다. 6-10권에서는 사후의 삶의 행복과 영혼의 선을 위해 같은 신들을 숭배하는 자들을 비판한다. 크게 두 번째 부분에 해당하는 11-22권은 기독교 신앙의 진리에 대한 증명과 변호이다. 11-20권은 기독교에 관한 부정적인 비판에 대한 긍정적 옹호를 제시하고 있다(*retr.* 2.43.2;

*epistula ad Firmum*: BA 33:170).

## 2 『신국론』에 나타난 하나님 사랑과 이웃 사랑의 관계

『신국론』에서 아우구스티누스는 모든 인류를 나누는 두 도시의 "기원과 발전과 종말"을 각각 다룬다.[54] 그에 따르면, "하나님의 도성(*civitas Dei*)"은 예루살렘으로 표상된다. 반대로 "세속 도성"은 바벨론으로 표상되고 "지상의 도성(*civitas terrena*)"으로 불린다.

아우구스티누스가 이렇게 인류 역사를 두 도시의 기원-발전-종말이라는 세 부분으로 나눈 것은 성경에 의해 영감받았다. 그는 이 도성의 기원이 아벨과 가인이라고 한다. 이 두 도시들은 일반적 의미에서의 지리적 경계로 인식되는, 감각적인 실체인 도시와 다르다는 것을 주의해야 한다. 한 사람의 시민권은 그 사람의 출생, 부모의 혈통, 혹은 거주지에 의해서가 아니라, 사랑의 대상 혹은 모든 행동이 종속되는 목적에 의해 결정된다. 하나님의 도성은 "스스로를 경멸하는 하나님의 사랑"으로, 지상 도성은 "하나님을 경멸하는 자신에 대한 사랑"으로 특징 지워진다(『신국론』, 14.28).[55] 이 두 도성 사이에 제3의 지역

---

54  이것은 개혁주의 기독교 세계관에서 흔히 말하는 "창조-타락-구속"과 유사한 패턴을 지니는 부분이다.

55  Ernest L. Fortin, "*Civitate Dei, De*," ed. Allan D. Fitzgerald, *Augustine through the Ages: An Encyclopedia* (Grand Rapids: Eerdmans, 1999),

은 없다. 다만 이 두 도성이 함께 섞여서 살아가는 "현세(saeculum)"가 있을 뿐이다.[56]

문제는 니그렌, 아렌트, 진론드, 누스바움 등이 주장한 것처럼, 아우구스티누스가 말하는 하나님에 대한 사랑과 이웃에 대한 사랑이 갈등 관계에 있느냐 하는 것이다. 만일 그렇다고 한다면 하나님의 도성에 살아가는 신자들은 하나님을 사랑하기 때문에, 현세에서 동료 시민들이나 심지어 교회의 신자들까지도 사랑할 수 없게 될 것이다. 그러나 『신국론』에서는 하나님 사랑과 이웃 사랑이 오히려 조화를 이루는 대목을 여럿 발견할 수 있다. 이하에서는 『신국론』에서 하나님 사랑과 이웃 사랑이 같이 등장하는 본문들을 모두 뽑아 이 두 사랑이 갈등 관계에 있지 않고 어떻게 조화되는지 하나씩 설명하고자 한다. 해당하는 본문은 『신국론』 10.5, 14.7, 19.14, 19.23, 21.27이다.

먼저, 『신국론』 10.1-5를 보면, 행복, 제사(예배), 이웃 사랑, 하나님 사랑의 문제가 제시된다. 모든 인간은 행복해지기를 원한다(civ. Dei

---

196-202를 참조하라.

56  아우구스티누스에게 "saeculum"은 하나님의 도성과 지상 도성 사이의 제3지대가 아니다. 그것은 종말을 바라보는 현세 혹은 현세에서의 삶을 뜻한다. Robert A. Markus, *Saeculum: History and Society in the Theology of St. Augustine* (Cambridge: Cambridge University Press, 1970), 71, 133; B. Hoon Woo, "Pilgrim's Progress in Society: Augustine's Political Thought in the City of God," *Political Theology* 16/5 (2015): 432.

10.1).[57] 그래서 자신을 사랑하는 사람은 자신이 행복해지기를 원한다 (*civ. Dei* 10.3). 그리고 자기 삶의 목적(*finis*)을 그 일에 둔다. 그런데 그 목적은 하나님과 연합하는 것이다.[58] 인간에게 선이란 하나님과 연합하는 것 외에 아무 것도 아니기 때문이다.[59] 따라서 자신을 사랑하는 사람은 하나님과 연합하고자 한다. 그것은 달리 말하면 하나님을 사랑하는 삶이다. 앞에서 보았듯이 아우구스티누스에게 사랑이란 하나가 되고자 하는 움직임이기 때문이다. 그렇다면 이웃을 자신처럼 사랑하는 사람은 당연히 그 이웃이 하나님과 연합하도록, 즉 하나님을 사랑하도록 만들 것이다.[60] 아우구스티누스는 이것이 하나님을 예배하는 것이며, 참된 종교이며, 올바른 경건이며, 하나님께만 돌려 마땅한 섬김이라고 말한다(*civ. Dei* 10.3).[61]

예배 혹은 제사(*sacrificium*)는 참 하나님께만 바쳐야 한다(*civ. Dei*

---

57    Plato, *Euthydemus*, 278e; Aristotle, *Ethica Nicomachea*, 1153b; Cicero, *Tusculanae disputationes* 5.10.28; Seneca, *De vita beata* 1.1에도 동일한 내용이 나온다. 아우구스티누스, 『신국론』(제1-10권), 성염 역 (왜관: 분도출판사, 2004), 988n1.

58    *civ. Dei* 10.3 (CCL 47,275): "hic autem finis est adhaerere deo."

59    *civ. Dei* 10.3 (CCL 47,275): "bonum enim nostrum, de cuius fine inter philosophos magna contentio est, **nullum est aliud quam illi cohaerere** ..." (볼드체 강조는 필자의 것이다.)

60    이런 주제는 『신국론』 19.14에 다시 나온다.

61    *civ. Dei* 10.3 (CCL 47,276): "hic est dei cultus, haec uera religio, haec recta pietas, haec tantum deo debita seruitus."

10.4). 그러나 인간이 하나님께 제사를 드리는 것은 하나님의 필요를 채우기 위한 것은 아니다. 하나님은 우리의 제물이나 다른 어떤 사물, 심지어 인간의 정의(*iustitia hominis*)마저도 필요로 하지 않으시기 때문이다(*civ. Dei* 10.5). 하나님을 바르게 섬기는 모든 것은 하나님께 유익이 된다기보다는 인간에게 유익이 되기 때문이다(*civ. Dei* 10.5).[62] 그것은 샘물을 마시는 사람이 샘물에 보탬이 되기 위해 물을 마셨다고 할 수 없고, 빛을 보는 사람이 빛에 보탬이 되기 위해 빛을 보았다고 말할 수 없는 것과 같은 이치이다(*civ. Dei* 10.5).

이 맥락에서 아우구스티누스는 참된 제사의 성격에 대해 논한다. 눈에 보이는 제사는 보이지 않는 제사의 성례 즉, 거룩한 표징이다.[63] 그렇다면 하나님께서 원하시는 제사는 무엇인가? 그것은 "통회하는 마음의 제사(*sacrificium contriti cordis*)"이며, "슬픔으로써 회개하는 통회하며 겸비한 마음(*cor contritum et humiliatum dolore paenitendi*)"이다(시 51:17).[64] 무엇보다 선행과 서로 나누는 일, 곧 자비야말로 참다

---

62  *civ. Dei* 10.5 (CCL 47,276): "totumque quod recte colitur deus homini prodesse, non deo."

63  *civ. Dei* 10.5 (CCL 47,277): "sacrificium ergo uisibile inuisibilis sacrificii sacramentum, id est sacrum signum est." 아래에서도 동일한 생각이 피력된다. *civ. Dei* 10.5 (CCL 47,278): "quoniam illud, quod ab omnibus appellatur sacrificium, signum est ueri sacrificii."

64  *civ. Dei* 10.5 (CCL 47,277).

운 제사가 된다(히 13:16).<sup>65</sup> 그는 이렇게 말한다.

> 따라서 성막의 예식에 관해서든 성전의 예식에 관해서든, 많
> 은 형식으로 제사에 대한 것으로 읽히는 신적 계명들을 읽을
> 수 있는데, 그 계명들은 하나님 사랑과 이웃 사랑을 상징적으
> 로 언급하는 것이다. 기록된 바와 같이 "모든 율법과 선지자들
> 이 이 두 계명에 달려있기 때문이다(마 22:40)."<sup>66</sup>

이처럼 아우구스티누스는 구약의 모든 제사와 예배를 하나님 사랑
과 이웃 사랑에 대한 상징으로 해석한다. 그런데 예배는 하나님과 연
합하는 것이며, 하나님을 사랑하는 행위이다. 그렇기에 아우구스티누
스에게는 하나님을 사랑하는 일과 이웃을 사랑하는 일은 하나님과 연
합하는 예배가 지시하는 바이다. 예배가 상징이고, 사랑의 이중계명이
그 상징이 가리키는 바라면, 하나님 사랑과 이웃 사랑이 이뤄질 때 예

---

65  *civ. Dei* 10.5 (CCL 47,278): "bene facere, inquit, et communicatores
esse nolite obliuisci; talibus enim sacrificiis placetur deo [Hbr 13,16]. ...
quoniam illud, quod ab omnibus appellatur sacrificium, signum est ueri
sacrificii. porro autem misericordia uerum sacrificium est."

66  *civ. Dei* 10.5 (CCL 47,278): "quaecumque igitur in ministerio tabernaculi
siue templi multis modis de sacrificiis leguntur diuinitus esse praecepta,
**ad dilectionem dei et proximi significando referuntur**. in his enim
duobus praeceptis, ut scriptum est, tota lex pendet et prophetae [Mt
22,40]." (볼드체 강조는 필자의 것이다.)

배가 실제로 그리고 최종적으로 성취되는 셈이다.

이러한 이웃 사랑은 기독교 공동체 내에서 새로운 의미를 획득한다. 아우구스티누스는 이렇게 말한다.

따라서 거룩한 교제로 하나님과 연합하도록 이끄는 모든 일들, 곧 우리를 참으로 행복하게 만들 수 있는 선의 저 목적에 연관되는 모든 일들이 참된 제사이다. 따라서 인간에게 도움이 되는 자비 그 자체도 만일 하나님 때문에 이뤄진 것이 아니라면 제사가 아니다. 비록 사람에 의해 이뤄지거나 바쳐질지라도 제사는 여전히 신적인 일이며, 그래서 그것을 고대 라틴인들도 그런 말로 불렀던 것이다. 따라서 하나님의 이름으로 성별되고 하나님께 서원한 인간 자신은 하나님께 살기 위하여 세상에 죽는 한 제사이다. 왜냐하면 이것도 사람이 자기 자신에게 행한 자비에 해당하기 때문이다.[67]

---

67    *civ. Dei* 10,6 (CCL 47,278): "proinde uerum sacrificium est omne opus, quo agitur, ut sancta societate inhaereamus deo, relatum scilicet ad illum finem boni, quo ueraciter beati esse possimus. unde et ipsa misericordia, qua homini subuenitur, si non propter deum fit, non est sacrificium. etsi enim ab homine fit uel offertur, tamen sacrificium res diuina est, ita ut hoc quoque uocabulo id Latini ueteres appellauerint. unde ipse homo dei nomine consecratus et deo uotus, in quantum mundo moritur ut deo uiuat, sacrificium est. nam et hoc ad misericordiam pertinet, quam quisque in se ipsum facit."

아우구스티누스는 제사의 의미를 확장시켜 나간다. 이제 하나님과 연합하게 만드는 모든 일이 제사가 된다. 그리고 그 일에 헌신한 사람 자신이 제사가 된다. 아우구스티누스는 플라톤주의에서 육체를 경시하는 경향을 극복하고, 하나님께 쓰이는 "의의 무기(*arma iustitiae*)"가 된다면 육체도 역시 제사가 된다고 말한다.[68] 육체가 비록 영혼보다는 열등하지만, 그것이 선하게 그리고 올바르게 쓰여 하나님과 연관된다면 제사가 된다. 그리고 영혼 자체도 하나님께 연관될 때 제사가 된다. 그때 영혼은 사랑의 불꽃으로 타올라 현세의 정욕의 형상을 불태워버리고, 불변하는 하나님의 형상에 복종하여 재형성된다. 그것은 하나님의 아름다움에서 받아들인 것이며 하나님을 기쁘게 하는 것이다.[69] 이것은 롬 12:2를 아우구스티누스가 신학화한 것이다.

더 나아가서 아우구스티누스는 한 사람의 신자가 제사가 될 뿐

---

68    *civ. Dei* 10.6 (CCL 47,278): "**corpus** etiam nostrum cum temperantia castigamus, si hoc, quem ad modum debemus, propter deum facimus, ut non exhibeamus membra nostra arma iniquitatis peccato, sed **arma iustitiae deo, sacrificium est.**" (볼드체 강조는 필자의 것이다.)

69    *civ. Dei* 10.6 (CCL 47,278): "si ergo corpus, quo inferiore tamquam famulo uel tamquam instrumento utitur anima, cum eius bonus et rectus usus ad deum refertur, sacrificium est: quanto magis **anima ipsa** cum se refert ad deum, ut igne amoris eius accensa formam concupiscentiae saecularis amittat eique tamquam incommutabili formae subdita reformetur, hinc ei placens, quod ex eius pulchritudine acceperit, **fit sacrificium!**" (볼드체 강조는 필자의 것이다.)

아니라, 신자들의 공동체인 "저 구속된 도성 전체(*tota ipsa redempta civitas*)"가 "보편적 제사(*universale sacrificium*)"가 되어 하나님께 바쳐진다고 주장한다. 그런데 이 일은 다름 아닌 대제사장 되신 그리스도께서 자신을 종으로 하나님께 바쳤을 때 일어난 일이다. 그리스도가 제사장이자 제물로서 그 일을 행하셨기 때문이다. 여기에서 아우구스티누스는 그의 "전체 그리스도(*totus Christus*) 사상"을 접목시킨다. 전체 그리스도 사상이란, 신자 전체가 그리스도의 몸을 형성한다는 사상이다.[70] 이 사상에 따르면, 그리스도께서 자신을 하나님께 바친 것은 모든 신자들이 자신의 몸과 영혼을 하나님께 바친 것과 마찬가지가 된다.[71] 이 사상에서 그리스도인이 그리스도와 누리는 신비적 연합은 극

---

70   *civ. Dei* 10,6 (CCL 47,279): "profecto efficitur, ut tota ipsa redempta ciuitas, hoc est congregatio societasque sanctorum, **uniuersale sacrificium offeratur deo** per sacerdotem magnum, qui etiam se ipsum obtulit in passione pro nobis, ut tanti capitis corpus essemus, secundum formam serui." (볼드체 강조는 필자의 것이다.) "전체 그리스도 사상"에 대한 보다 자세한 설명은 아래 문헌들을 보라. Egon Franz, *Totus Christus: Studien über Christus und die Kirche bei Augustin* (Bonn: Rheinischen Friedrich-Wilhelms-Universität, 1956); Emile Mersch, *The Whole Christ: The Historical Development of the Doctrine of the Mystical Body in Scripture and Tradition*, trans. John R. Kelly (Ex Fontibus Company, 2018), 383-440.

71   이러한 설명은 아타나시우스로부터 이어져 내려온 "성육설(physical theory)" 이론과도 관련이 된다. 성육설은 "신비설(mystical theory)"이라고도 불리는데, 인간의 본성이 그리스도가 사람이 된 바로 그 행위에 의해서 거룩하게 되고 변화되고 고양되었다고 가르치는 이론이다. 이 이론에 따르면, 그리스도는 성육신하심으로써 모든 인간과 연대하시

대화된다. 그리스도는 그 자신을 사랑하는 한 분 그리스도이신데, 그 안에 모든 그리스도인들이 지체로서 연결된다(*ep. Jo.* 10.3). "지체들이 서로를 사랑할 때, 몸은 스스로를 사랑하는 것이다(*ep. Jo.* 10.3)."[72] 그리스도는 성육신과 십자가 사역을 통해서 이미 자신을 제사로 하나님께 바치셨다. 그렇다면 이제 성도들은 어떻게 공동체적인 제사가 될 수 있을 것인가? 아우구스티누스는 "여러 지체들이 그리스도 안에서 한 몸(롬 12:5)을 이룰 때에 이것이 그리스도인들의 제사가 된다."고 주장한다.[73] 그리고 교회가 성찬을 제단에서 성별할 때 매번 자신을 하나님께 바치는 것이 된다고 주장한다.

---

고, 인간 안에 있는 하나님의 형상을 회복시키신다. 어떤 면에서 성육설은 만인구원설과 연결될 수도 있지만, 항상 그런 것은 아니었다. 성육설에 대해서는 아래 문헌을 보라. J. N. D. Kelly, *Early Christian Doctrines*, 5th rev. (London: Bloomsbury, 1977). 377(아타나시우스), 391(아우구스티누스); Reinhard M. Hübner, *Die Einheit des Leibes Christi bei Gregor von Nyssa: Untersuchungen zum Ursprung der "Physischen" Erlösungslehre*, Philosophia patrum 2 (Leiden: Brill, 1974), 232-70(아타나시우스).

72  이 문장에 대해서 버나비(Burnaby)는 그리스도와 교회의 연합에 대한 아우구스티누스의 교리의 면류관이라고 묘사한다. John Burnaby, "Ten Homilies on the First Epistle General of St. John," in *Augustine: Later Works*, The Library of Christian Classics (Philadelphia, PA: The Westminster Press, 1955), 341.

73  *civ. Dei* 10,6 (CCL 47,279): "**hoc est sacrificium christianorum: multi unum corpus in Christo** [Rm 12,5]. quod etiam sacramento altaris fidelibus noto frequentat ecclesia, ubi ei demonstratur, quod in ea re, quam offert, ipsa offeratur." (볼드체 강조는 필자의 것이다.)

『신국론』 14.7에서도 아우구스티누스는 하나님 사랑과 이웃 사랑의 연결성을 다룬다. 우선 여기에서 아우구스티누스는 라틴어 "amor"와 "caritas"가 차이가 없고, "amare"와 "diligere"가 차이가 없다고 분명히 언급한다.[74] 더 중요한 것은 그가 "하나님을 사랑하기로 결심한 사람이, 이웃을 자기 자신처럼 사랑하되 인간을 따라서가 아니라 하나님을 따라서 사랑하기로 결심한다면, 이 사람은 의심의 여지 없이 이 사랑 때문에 선한 의지의 사람이라고 불릴 수 있다."라고 주장하는 부분이다.[75] 여기에서도 역시 하나님 사랑과 이웃 사랑은 함께 묶여서 선한 의지에 속한 것으로 여겨진다. 올바른 의지는 올바른 사랑이며, 왜곡된 의지는 나쁜 사랑이다. 사랑하는 바를 소유하고자 탐하는 사랑은 욕망이다. 반대로 그것을 소유하지만 향유하는 사랑은 기쁨이다. 자기

---

74   *civ. Dei* 14.7 (CCL 48,421-22): "procul dubio propter hunc amorem dicitur uoluntatis bonae, quae usitatius **in scripturis sanctis caritas appellatur; sed amor quoque secundum easdem sacras litteras dicitur. ... quod etiam cum dicebat dominus: diligis me?** [Io 21,15sq.] **nihil aliud dicebat quam: amas me?** ... hoc propterea commemorandum putaui, quia nonnulli arbitrantur aliud esse dilectionem siue caritatem, aliud amorem. dicunt enim dilectionem accipiendam esse in bono, amorem in malo. **sic autem nec ipsos auctores saecularium litterarum locutos esse certissimum est.**" (볼드체 강조는 필자의 것이다.)

75   *civ. Dei* 14.7 (CCL 48,421): "nam cuius propositum est amare deum et non secundum hominem, sed secundum deum amare proximum, sicut etiam se ipsum: procul dubio propter hunc amorem dicitur uoluntatis bonae, quae usitatius in scripturis sanctis caritas appellatur; sed amor quoque secundum easdem sacras litteras dicitur."

에게 상반되는 것을 피하는 사랑이 두려움이며, 그것이 자기에게 닥칠 때에 느끼는 사랑이 슬픔이다. 사랑이 나쁘면 이런 감정들도 나쁜 것이며, 사랑이 좋으면 이것들도 좋다.[76] 이처럼 아우구스티누스는 선한 의지에 속한 사랑은 좋은 감정을 지닌다고 보면서 스토아적 무정념(apatheia)을 거부한다.[77] 그리고 그 사랑은 하나님 사랑과 이웃 사랑이 함께 나타나는 사랑이라고 본다.

『신국론』 19.14와 19.23에서도 하나님 사랑과 이웃 사랑은 갈등 없이 연결된다. 『신국론』 19.14는 "평화"를 다루는 19.13의 맥락에서 읽어야 한다.[78] 『신국론』 19.13에서 아우구스티누스는 10가지 평화를 제

---

76  *civ. Dei* 14.7 (CCL 48,422): "recta itaque uoluntas est bonus amor et uoluntas peruersa malus amor. amor ergo inhians habere quod amatur, **cupiditas** est, id autem habens eoque fruens **laetitia**; fugiens quod ei aduersatur, **timor** est, idque si acciderit sentiens **tristitia** est. proinde mala sunt ista, si malus amor est; bona, si bonus." (볼드체 강조는 필자의 것이다.) 아우구스티누스는 『신국론』 14,6-7에서 키케로가 말했던 욕망(cupiditas), 기쁨(laetitia), 두려움(timor), 슬픔(tristitia)을 사랑과 관련하여 설명한다(Cicero, *Tusculanae disputationes* 4,6,11-15 참조). 키케로의 이 작품은 아래와 같이 번역되어 있다. 키케로, 『투스쿨룸 대화』, 김남우 역 (서울: 아카넷, 2014). 보통 아우구스티누스의 작품에서 "쿠피디타스(cupiditas)"는 왜곡된 자기 사랑이며, 정욕이라고 번역되지만, 위의 문맥에서는 그런 의미가 아니라 일반적인 욕망 혹은 욕구를 뜻한다.

77  『신국론』 14.9에서 이 문제를 보다 더 깊이 다룬다.

78  아우구스티누스에 따르면, 온전한 평화는 "하나님을 향유하고 하나님 안에서 서로 향유하는 가장 질서 있고 가장 조화로운 사회"의 모습이다. *civ. Dei* 19.17 (CCL 48,685): "ordinatissima scilicet et concordissima

시하는데, (1) 몸의 평화, (2) 비이성적 영혼의 평화, (3) 이성적 영혼의 평화,[79] (4) 몸과 영혼의 평화, (5) 인간과 하나님 사이의 평화, (6) 인간과 인간 사이의 평화, (7) 가정의 평화, (8) 시민적 평화, (9) 천상 도시의 평화, (10) 만물의 평화가 그것이다. 인간은 본성상 평화를 갈구하며, 평화를 상실하면 괴로워한다(*ciu Dei* 19.13). 그렇다면 인간과 하나님 사이의 평화는 어떻게 이뤄지는가? 그것은 영원법(*lex aeterna*)에 대한 질서 있는 순종이 믿음 안에서 이뤄질 때 생겨난다(*ciu Dei* 19.14).[80] 그런데 하나님께서 가르치는 "으뜸가는 두 계명(*duo praecipua praecepta*)"은 하나님 사랑과 이웃 사랑이다.[81] 결국, 아우구스티누스는 하나님 사랑과 이웃 사랑이라는 사랑의 이중계명을 잘 지켜야 하나님과 인간 사이의 평화가 이뤄진다고 주장하는 셈이다. 아우구스티누스는 이렇게 주장한다.

---

societas fruendi deo et inuicem in deo."

79   (2)와 (3)에서 영혼을 비이성적 부분과 이성적 부분으로 나누는 것은 플라톤 철학에 기인한 것이다. 플라톤에 따르면 영혼은 이성혼(λογιστικόν), 욕망혼(ἐπιθυμητικόν), 기개혼(θυμοειδές)으로 구성된다. 뒤의 두 부분이 바로 비이성적 영혼이다.

80   *civ. Dei* 19.14 (CCL 48,681): "ac per hoc omnem pacem uel corporis uel animae uel simul corporis et animae refert ad illam pacem, quae homini mortali est cum inmortali deo, ut ei sit ordinata in fide sub aeterna lege oboedientia."

81   *civ. Dei* 19.14 (CCL 48,681): "iam uero quia duo praecipua praecepta, hoc est dilectionem dei et dilectionem proximi, docet magister deus ..."

그 계명들 안에서 인간은 사랑해야 할 셋을 발견하는데, 하나님, 자기 자신, 그리고 이웃이다. 하나님을 사랑하는 사람은 자기를 사랑함에 있어서 실수하지 않는다. 그 결과 다음의 사실이 따라오는데, 자기 자신처럼 사랑하라는 명령을 받은 이웃도 역시 하나님을 사랑하도록 권면해야 한다는 사실이다. 아내에게도, 자식들에게도, 식솔들에게도, 그리고 할 수 있는 나머지 모든 사람들에게도 마찬가지로 해야 한다. 그리고 만일 필요하다면 자기 자신도 이웃에 의해 그렇게 하나님을 사랑하도록 권면 받아야 한다. 이것을 통하여 자신 안에서 그러하듯이, 만인의 평화로써 다른 사람과 평화롭게 된다. 이것이 질서 잡힌 조화이다.[82]

아우구스티누스는 하나님 사랑에서부터 어떻게 모든 사람을 사랑하고 평화를 이룰 수 있는지 설명한다. 우선 하나님을 사랑하는 사람은 자신을 제대로 사랑할 수 있다. 그리고 이웃들이 하나님을 사랑하

---

82    *civ. Dei* 19.14 (CCL 48,681): "... **in quibus tria inuenit homo quae diligat, deum, se ipsum et proximum, atque ille in se diligendo non errat, qui deum diligit**: consequens est, ut etiam proximo ad diligendum deum consulat, quem iubetur sicut se ipsum diligere (sic uxori, sic filiis, sic domesticis, sic ceteris quibus potuerit hominibus), et ad hoc sibi a proximo, si forte indiget, consuli uelit; ac per hoc erit pacatus, quantum in ipso est, omni homini pace hominum, id est ordinata concordia ..." (볼드체 강조는 필자의 것이다.)

도록 이끈다. 이러한 일을 그 사람은 가족들로부터[83] 시작해서 모든 사람들에게 확대시켜 나간다. 인간은 가장 우선적으로 가족을 보살펴야 한다. 본성의 질서나 사회의 질서 모두 가족을 보살필 기회가 더 많이 주어지기 때문이다(*civ. Dei* 19.14; 딤전 5:8을 인용함). 가정의 평화는 여기에서 유래한다. 신자들의 경우에는 남편과 아내, 부모와 자식, 주인과 종들의 관계 속에서, '명령하는 사람들'이 '명령받는 것처럼 보이는 대상들'을 오히려 섬긴다. 지배하려는 욕심에서 명령하지 않고, 오히려 직무상 권면하며, 통치의 오만함이 아닌 제공의 자비로써 한다(*civ. Dei* 19.14).[84] 하나님을 사랑하는 사람은 이런 것을 사회 속에서도

---

83  흥미로운 것은 아우구스티누스가 여기에서 아내, 자식, 식솔의 순서를 제시했다는 것이다. 이와는 달리 보통 로마인들은 베르길리우스의 『아이네이스』(2.706-11)에서 아이네아스가 불타는 트로이야에서 가족들을 구해내는 순서에서 볼 수 있듯이, 부모, 자식, 아내의 순서를 내세웠다. 베르길리우스, 『아이네이스』, 천병희 역 (고양: 도서출판 숲, 2009), 82를 보라.

84  *civ. Dei* 19.14 (CCL 48,681-82): "hinc itaque etiam pax domestica oritur, id est ordinata imperandi oboediendique concordia cohabitantium. imperant enim, qui consulunt; sicut uir uxori, parentes filiis, domini seruis. oboediunt autem quibus consulitur; sicut mulieres maritis, filii parentibus, serui dominis. sed in domo iusti uiuentis ex fide et adhuc ab illa caelesti ciuitate peregrinantis etiam **qui imperant seruiunt eis, quibus uidentur imperare. neque enim dominandi cupiditate imperant, sed officio consulendi, nec principandi superbia, sed prouidendi misericordia.**" (볼드체 강조는 필자의 것이다.) 참고로, 아우구스티누스는 노예제도를 정당화하는 로마사회의 통념과는 달리, 노예제도의 원인은 죄라고 지적하면서, 인간이 사슬에 매여 인간에게 예

실천하면서, 모든 사람과 평화와 조화를 이루게 된다. 따라서 하나님을 사랑하는 사람들은 하나님의 명령의 핵심인 사랑의 이중계명을 지키게 되며, 그것을 자신과 가정과 이웃과 만인 가운데서 실천하게 된다. 그들은 하나님 때문에 친구를 사랑하며, 하나님 때문에 원수도 사랑한다.[85] 아우구스티누스의 주장은 섬기는 사랑이 평화를 가져온다는 것이다. 섬기는 사람은 사랑의 종이다. 사랑의 종만이 자유롭다는 사상(*Jo. ev. tr.* 41.8)은 아우구스티누스의 작품 여러 곳에서 표현되어 있다.[86] 이 생각은 유명한 설교의 한 부분, "사랑하라, 그리고 당신이 하고

---

속된 상황을 비판한다(*civ. Dei* 19.15).

85 원수 사랑과 그것이 지닌 정치적 함의에 대한 신학적 논의는 아래 논문들을 참조하라. Justin Bronson Barringer and D. Stephen Long, "'Love Your Enemy' Introduction," *Modern Theology* 36/3 (2020): 441–47; Russell P. Johnson, "Doing Justice to Difference: Stanley Hauerwas and Public Theology," *Modern Theology* 36/3 (2020): 448–61; Laura Lysen and Paul Martens, "How Can We Love Our Enemies When We Kill Our Friends? Shifting the Theological Debate Over Violence," *Modern Theology* 36/3 (2020): 462–77; Gerald W. Schlabach, "A 'Manual' for Escaping Our Vicious Cycles: The Political Relevance of Enemy-Love," *Modern Theology* 36/3 (2020): 478–500.

86 *ex. Gal.* 57 (PL 35,2144); *s.* 56.13.17 (PL 38,385); *Sermo Frangipane* 5.3 (G. Morin, *Miscellanea Agostiniana*, 214–15). 이에 대한 논의는 아래 작품들을 보라. J. Gallay, "Dilige et quod vis fac," *Recherches de science religieuse* 43 (1955): 545–55; Peter Brown, *Augustine of Hippo: A Biography*, new ed, with epilogue (Berkeley: University of California Press, 2000), 204–5. 이상의 자료들은 Augustine of Hippo, *Tractates on the Gospel of John 28-54*, ed. Thomas P. Halton, trans. John W. Rettig

싶은 대로 하라(*dilige et quod vis fac*; *ep. Jo. tr.* 7,8).”라는 말과 모순을 일으키지 않는다. 이 두 가지 설교는 같은 회중에게 전해진 것이다. 정말 참되게 사랑하는 사람은 오직 선한 것만을 한다. 그리고 아우구스티누스가 말하는 참된 자유는 선을 행하는 자유이다. 악을 행하는 것은 오히려 죄의 노예가 되는 것이기 때문이다. 따라서 정말 자유롭기위해서는 우선 사랑의 종이 되어야 한다. 그리고 진정한 사랑 안에서 행한 것은 선한 것이며 자유로운 것이다.

『신국론』 19.23에서는 “정의(正義)”라는 주제와 관련하여 하나님 사랑과 이웃 사랑을 논한다. 아우구스티누스는 키케로를 따라서 “공화국(*res publica*)은 국민의 사물(*res populi*)이다.”라는 정의(定義)를 사용하여 논의를 시작한다(*civ. Dei* 19.21).[87] 또한 그는 정의(正義)가 없는 곳에는 공화국이 존재하지 않는다고 주장한다. 이때 그가 사용하는 정의 개념은 “각자에게 자기 것을 배분하는 덕(*virtus quae sua cuique distribuit*)”이라는 개념으로서, 당시 로마인들이 자주 사용하던 정의 개념이다.[88] 하지만 아우구스티누스의 정의 개념은 이러한 그리스-로

---

(Washington, DC: The Catholic University of America Press, 1993), 143, n. 32을 참고하고 수정함.

87    Cicero, *De republica*, 1.25.39.

88    정의에 대한 이러한 의미규정은 플라톤의 『국가』에서 이미 나왔다. 거기에서 소크라테스는 정의란 “더 강한 자에게 이로운 것”이라고 주장했던 트라시마코스의 정의 개념(Plato, *Respublica*, 336b; 338c)을 부정하면서 정의의 개념을 제시했다(『신국론』, 19.21.1).

마의 전통을 이어가는 데 그치지 않는다. 그의 정의 개념에는 하나님에 대한 바른 공경이 포함되어 있기 때문이다(*civ. Dei* 19.21). 그는 하나님께 마땅한 공경을 바치지 않는 국민은 정의롭지 못하며, 따라서 우상숭배가 만연한 로마는 공화국이 아니라고 주장한다(*civ. Dei* 19.21.2).

계속해서 아우구스티누스는 신앙이란 사랑을 통해 작용하는 것이므로, 신자는 "하나님을 사랑하되 그분이 사랑받아야 할만큼 사랑해야 하고, 이웃을 자기 몸처럼 사랑해야 한다."고 주장한다(*civ. Dei* 19.23).[89] 이러한 참된 신앙이 없는 국민에게는 "종교적인 정의"가 존재하지 않으며, 따라서 그런 국민은 아무리 많이 모여 있어도 공화국을 이루지 못한다. 아우구스티누스는 로마인이 국민이 아니며, 로마는 공화국이 아니라고 주장한다(*civ. Dei* 19.23; 2.21.2). 이후에 아우구스티누스는 이러한 과격한 주장을 약간 누그러뜨린다. 그는 "국민이란 사랑하는 사물들에 대한 공통된 합의에 의해 결속된 이성적 대중의 집합"이라고 규정하고서, "사랑하는 사물들"이 선하냐 열등하냐에 따라서 선한 국민과 열등한 국민을 나눌 수 있다고 주장한다(*civ. Dei* 19.24). 그런 점에서 보자면 "로마 국민은 국민이며, 그 국민의 사물은

---

89　*civ. Dei* 19.23.5 (CCL 48,695): "... ut, quem ad modum iustus unus, ita coetus populusque iustorum uiuat ex fide, quae operatur per dilectionem, **qua homo diligit deum, sicut diligendus est deus, et proximum sicut semet ipsum** ..." (볼드체 강조는 필자의 것이다.)

의심의 여지 없이 공화국이다."[90] 이것은 아우구스티누스의 윤리가 가진 이중적 전략의 전형적인 예이다. 한편으로 그는 성경적이며 초월적이며 종말론적인 관점을 제시하며, 다른 한편으로 그는 그리스-로마적이며 현실주의적인 관점을 제시한다. 그리고 그 두 기준 사이에서 성경적이면서도 또한 현실 적용성이 있는 윤리를 제시한다.[91]

중요한 점은 아우구스티누스가 정의에 대한 개념을 논하면서도, 하나님을 하나님에 합당하게 사랑하고 인간은 인간에 합당한 만큼 사랑해야 한다고 주장한 점이다. 우리는 마음을 다하고 목숨을 다하고 뜻

---

90   *civ. Dei* 19.24 (CCL 48,695): "si autem populus non isto, sed alio definiatur modo, uelut si dicatur; populus est coetus multitudinis rationalis rerum quas diligit concordi communione sociatus, profecto, ut uideatur qualis quisque populus sit, illa sunt intuenda, quae diligit. quaecumque tamen diligat, si coetus est multitudinis non pecorum, sed rationalium creaturarum et eorum quae diligit concordi communione sociatus est, non absurde populus nuncupatur; tanto utique melior, quanto in melioribus, tantoque deterior, quanto est in deterioribus concors.**secundum istam definitionem nostram Romanus populus populus est et res eius sine dubitatione res publica.**" (볼드체 강조는 필자의 것이다.)

91   이에 대한 보다 자세한 논의는 우병훈, 『기독교 윤리학』 (서울: 복있는 사람, 2019), 99-103을 보라. 한편, 김진혁은 아우구스티누스 사상에서 정의 개념이 은혜론과 연결됨으로써, 각자에게 합당한 것을 주는 것이라는 고전적 정의 개념뿐만 아니라, 각자가 받을 자격이 없는 용서마저 실천하게 할 정도로 외연이 확장되었다고 적절하게 주장한다. 김진혁, "은혜와 정의: 득의론 관점에서 본 아우구스티누스의 정치신학", 「한국조직신학논총」 56 (2019): 53-99.

을 다하여 하나님을 사랑해야 하며(마 22:37), 이웃을 내 몸과 같이 사랑해야 한다(마 22:39). 그 둘 중에 어느 하나라도 충족되지 않는 상태는 정의(*iustitia*)가 없는 상태이며, 거기에는 국민도 공화국도 없다.[92]

이제 『신국론』 21.27을 다루면서 논의를 마무리하고자 한다. 맥락은 "자선(*elemosyna*)"이라는 측면에서 이웃 사랑을 논하는 부분이다. 아우구스티누스는 악행의 습관으로부터 돌아서서 더 나은 삶으로 개선하기를 거부하는 사람들의 경우에는 자선을 한다고 말할 수 없다고 주장한다.[93] 만일 사람들이 굶주리는 그리스도인을 그리스도인으로 보고 빵을 준다면, 당연히 자기 자신에게도 그리스도라는 의로움의 빵을 거절하는 일은 없을 것이다. 하나님은 누구에게 주었느냐를 보시기보다 어떤 마음으로 주었느냐를 눈여겨보신다. 따라서 그리스도인 안에서 그리스도를 사랑하는 사람이라면, 그리스도께 다가가는 그런 마음으로 상대방에게 자선을 베풀어야 한다.[94] 신자는 그리스도를 더 사랑

---

92   *civ. Dei* 19.23.5 (CCL 48,695): "... ubi ergo non est ista iustitia, profecto non est coetus hominum iuris consensu et utilitatis communione sociatus. quod si non est, utique populus non est, si uera est haec populi definitio. ergo nec res publica est, quia res populi non est, ubi ipse populus non est."

93   *civ. Dei* 21.27 (CCL 48,801): "tales autem elemosynas non dicendi sunt facere, qui uitam nolunt a consuetudine scelerum in melius commutare ..."

94   *civ. Dei* 21.27 (CCL 48,801): "si enim christiano esurienti panem tamquam christiano darent, profecto sibi panem iustitiae, quod ipse Christus est, non negarent; quoniam deus, non cui detur, sed quo animo

할수록 그리스도의 명령을 더 따르며, 따라서 이웃에게 자선을 더 베풀다. 같은 문맥에서 아우구스티누스는 다음과 같이 말한다.

반대로 말해서, 그리스도인에게 자선을 확대하면서도 그 사람 안에서 그리스도를 사랑하지 않는다면 그는 그리스도인에게 자선을 확대하는 것이 아니다. 또 그리스도 안에서 의로워지기를 거절한다면 그리스도를 사랑하는 것이 아니다.[95]

여기에서 아우구스티누스는 자신의 고유한 "전체 그리스도(*totus Christus*)" 사상을 이웃 사랑에 접목시킨다.[96] 그리스도는 모든 그리스

---

detur, adtendit. qui ergo Christum diligit in christiano, hoc animo ei porrigit elemosynam, quo accedit ad Christum, non quo uult recedere inpunitus a Christo. tanto enim magis quisque deserit Christum, quanto magis diligit quod inprobat Christus."

95    *civ. Dei* 21,27 (CCL 48,802): "ita e contrario, qui porrigit elemosynam christiano, non christiano porrigit, qui non in eo diligit Christum; non autem diligit Christum, qui iustificari recusat in Christo."

96    Goulven Madec, "Christus," in *Augustinus-Lexikon*, vol. l, ed. C. Mayer (Basel: Schwabe, 1992), cols. 845-908 가운데 cols. 879-82에는 "totus Christus" 사상이 잘 설명되어 있다. "전체 그리스도"의 개념 가운데 본 연구에서 중요한 요소는 세 가지이다. 첫째, 모든 그리스도인을 그리스도(의 지체)로 여기는 것이며, 따라서 신자를 사랑하는 것은 그리스도를 사랑하는 것이 된다는 원리이다. 둘째, 더 나아가서 모든 사람을 그리스도를 통해서 사랑하는 것이며, 따라서 이웃을 사랑하는 것은 그리스도를 사랑하는 것이 된다는 원리이다. 셋째, 사랑의 완성은 모든 사람이 온전한 연합으로 모일 때 이뤄진다는 원리

도인을 그 안에 내포하는 분이다. 신자는 그리스도의 몸이기 때문이다. 아우구스티누스는 자주 인용했던 행 9:4를 근거로, 그리스도와 교회의 모종의 일치관계를 강조한다.[97] 그는 이것을 자선 및 구제에 적용한다. 그리스도인이 다른 그리스도인들에게 음식을 대접하고, 마실 것을 주며, 옷을 입혀주고, 그들이 나그네였을 때 환대하며, 병들게 됐을 때 문안하면, 그것은 곧 그리스도에게 그렇게 행하는 것이다(마 25:31-46). 그리스도인은 부활하신 그리스도와 장차 연합될 것을 기대한다. 하지만 먼저 그리스도인은 거리에 누워있는 그리스도에게 주목해야 한다(s. 25.8.8; 239.6.7). 그리스도를 사랑하는 사람은 그리스도인을 사랑하지 않을 수 없고, 그리스도인을 사랑하는 사람은 그리스도를 사랑하는 것이다(ep. Jo. 10.3). 그리스도인은 자신이 그리스도와 연합된 것을 동료 그리스도인을 사랑하며, 이웃을 사랑하는 가운데 드러낸다. 달리 말하면, 그리스도와의 연합은 이웃 사랑 속에서 실현된다. 왜냐하면 그리스도와 연합된 사람만이 이웃을 그리스도의 사랑

---

이다. 이 마지막 부분은 정치가 할 수 없는 영역이 있음을 지적하는 정치한계주의(political limitism)와도 연관된다. 아우구스티누스의 정치한계주의에 대해서는 아래 책을 보라. Jean Bethke Elshtain, *Augustine and the Limits of Politics* (Notre Dame: University of Notre Dame Press, 1995).

97    윌리엄스, 『다시 읽는 아우구스티누스』, 274에서는 아우구스티누스의 『시편 강해』에 행 9:4가 해석학적 원리로서 14번 언급된다고 지적한다. 윌리엄스의 같은 책 369에서는 신약에서 아우구스티누스가 가장 자주 인용한 구절 중 하나가 행 9:4라고 한다.

으로 사랑할 수 있기 때문이다. 사랑은 나눠지지 않는다. 하나님 사랑을 선택하면 이웃 사랑을 선택해야 하고, 이웃 사랑을 선택하면 하나님 사랑을 이미 선택한 것이다. 아우구스티누스는 성부에 대한 사랑과 성자에 대한 사랑이 나눠질 수 없다고 말하면서『요한 서간 강해』에서 다음과 같이 말한다. "사랑은 나뉠 수 없습니다. 당신이 사랑할 것을 선택하십시오. 그러면 나머지는 당신을 따라올 것입니다."[98] 마찬가지로 하나님 사랑과 이웃 사랑은 나눠질 수 없다. 하나님을 사랑하기로 선택한 사람은 반드시 이웃을 사랑할 수밖에 없다. 하나님 사랑은 이웃 사랑과 동연적이기 때문이다. 이상에서 본 것처럼 이 관점을 아우구스티누스는『신국론』21.27에서 기독론적으로 뒷받침하고 있다.

## IV. 나가는 말: 하나님 사랑과 이웃 사랑의 밀접한 관계성

우리의 연구는 하나님 사랑과 이웃 사랑이 갈등을 일으킨다는 현대의 학자들 가령, 니그렌, 아렌트, 진론드, 누스바움의 비판에 대한 응답으로 진행되었다. 연구의 내용을 정리하고, 또 다른 한 가지 문제 제기에 간단히 답하면서 연구를 마치고자 한다.

---

**98**     *ep. Jo.*, 10.3 (PL 35,2056): "non potest ergo separari dilectio. elige tibi quid diligas; sequuntur te cetera." PL은 Patrologia Latina의 약어이다.

아우구스티누스에 따르면, 하나님 사랑과 이웃 사랑이라는 사랑의 이중계명은 하나님의 모든 계명의 목표(*finis*)이다. 성경의 목표도 따라서 하나님을 사랑하고 이웃을 사랑하는 것으로 귀결된다(*doc. Chr.* 1.36.40; 1.40.44). 그리스도께서 오신 목적도 하나님 사랑과 이웃 사랑을 알려주시고자 하는 것이었다(*cat. rud.* 4.7-8). 하나님을 사랑하는 자는 이웃을 제대로 사랑하게 된다(*Jo. ev. tr.* 83.3). 하나님을 가운데 둔, 하나님을 통과한 사랑만이 진정한 사랑이다.[99] 하나님을 사랑하는 사랑은 인간의 이기심을 막고, 인간이 동료 인간을 인간적으로 (*humaniter*) 즉, 그 혹은 그녀가 필멸성과 한계성을 가진 하나님의 피조물이라는 사실을 직시하는 가운데, 하나님의 사랑을 바탕으로 사랑하게 된다.

하나님 사랑과 이웃 사랑이 서로 갈등 관계에 있지 않고, 오히려 서로를 필요로 한다는 사실은 아우구스티누스의 『신국론』에 잘 나타난다. 첫째로, 아우구스티누스는 "예배"와 관련하여 이 문제를 논한다 (*civ. Dei* 10.5). 참된 예배 혹은 제사는 하나님께 바치는 것이다. 그런데 제사는 하나님 사랑과 이웃 사랑을 지시하는 상징이다. 따라서 참된 예배는 하나님 사랑과 이웃 사랑이 동시에 성취될 때 참으로 이뤄지는 셈이다. 둘째로, 아우구스티누스는 "선한 의지"와 관련하여 이 주제를 논한다(*civ. Dei* 14.7). 하나님을 사랑하기로 결심한 사람이 이웃

---

**99** Williams, *On Augustine*, 197-98.

을 자기 자신처럼 사랑하기로 결심하면 그 사람은 선한 의지의 사람
이다. 하나님 사랑과 이웃 사랑은 선한 의지에 함께 속한 것이기 때
문이다. 셋째로, 사랑의 이중계명은 "평화"와 관련하여서도 다뤄진다
(*civ. Dei* 19.14). 하나님을 사랑하는 사람은 모든 사람과도 평화를 이
룬다. 그 평화가 성취되는 길은 섬기는 사랑이다. 섬기는 사랑이 아내,
자식, 식솔, 이웃, 모든 사람으로 확대됨에 따라 진정한 평화가 이뤄진
다. 넷째로, 이 주제는 "정의"와 관련하여 등장한다(*civ. Dei* 19.23). 정
의는 각자에게 각자의 몫을 배분하는 것이다. 사랑도 정의롭게 이뤄져
야 한다면, 모든 사람은 하나님에 합당한 사랑을 하나님께 드려야 하
고 이웃에게 합당한 사랑을 이웃에게 주어야 한다. 다섯째로, 아우구
스티누스는 그리스도와 관련하여 이 주제를 다룬다(*civ. Dei* 21.27). 그
리스도인은 동료 그리스도인을 사랑하면서 그리스도를 사랑한다. 반
대로 그리스도를 사랑하는 사람은 반드시 동료 그리스도인을 사랑하
게 되어 있다. 그리스도에 대한 사랑과 그리스도인에 대한 사랑은 나
뉘지 않기 때문이다.

  이 마지막 부분에 대해서, 볼프강 슈라게(Wolfgang Schrage) 같은
학자들은 아우구스티누스가 하나님 사랑과 이웃 사랑을 동일시하여
결국 피조물적 관계를 신격화시킨다고 비판했다.[100] 니그렌, 아렌트,

---

100  Wolfgang Schrage, "Theologie und Christologie bei Paulus und Jesus auf
    dem Hintergrund der modernen Gottesfrage," *Evangelische Theologie* 36
    (1976): 121-54. 하지만 슈라게는 신약성경에서 "사랑은 하나님이다."

진론드, 누스바움 등이 아우구스티누스의 사랑론에는 하나님 사랑만 남고 이웃 사랑은 소멸되어 버린다고 비판했다면, 슈라게는 그 반대를 주장하는 셈이다. 그는 아우구스티누스의 사랑론이 하나님 사랑, 더 나아가서 하나님 자신을 불필요하게 만듦으로써 이교도로 회귀하고 만다고 주장한다. 하지만 이것은 아우구스티누스의 의도가 아니다. 아우구스티누스에게 진정한 사랑이란 성령님을 통해 우리에게 주어진 하나님의 사랑으로 인간을 사랑하는 데 있기 때문이다(*Jo. ev. tr.* 83.3). "아우구스티누스의 사상 속에서는 하나님을 사랑하는 사람만이 이웃을 사랑할 수 있기에, 이웃을 사랑하는 것이 곧 하나님을 사랑하는 것이라는 명제는 적어도 아우구스티누스에게 있어서는 하나님 사랑을 배제하는 표현이 아니다."라고 판 바벨은 적절하게 주장하였다. 더 나아가서 판 바벨은 "이웃을 사랑하지 않는 자는 하나님을 사랑하는 것이 불가능하다(*f. et op.* 16)."는 아우구스티누스의 주장을 이렇게 이해한다(마 5:23-24, 요일 4:20 참조). 우리가 이웃을 사랑하면 거기에는 하나님이 계신다. 하나님은 사랑이시기 때문이다. 반대로 이웃을 사랑하지 않는 자는 하나님을 사랑할 수 없다. 하나님은

---

라고 하지 않고 "하나님은 사랑이시다(요일 4:8)."라고 한 것은 하나님 이 사랑에 의해 규정되지 않고, 사랑이 하나님에 의해 규정된다는 사실 을 보여주는 것이라고 적절하게 지적한다. 이로써, 하나님께서 그 유일 하신 아들을 우리를 위해 보내신 것이 바로 사랑이라는 것이 강조된다 는 것이다(Schrage, 앞 논문, 153-54).

사랑이시기 때문이다. 하나님을 사랑하면 이웃을 사랑하게 된다. 하나님은 사랑이시기 때문이다. 따라서 하나님 사랑과 이웃 사랑은 결국 하나님이 사랑이시라는 성경의 선언 가운데서 밀접한 관계성을 획득할 수밖에 없다.

### 저자소개 [ 우병훈 ]

성경과 기독교 고전을 원전에서부터 읽고 그 원천에서 현대 교회와 목회 현장에 유익을 끼치고자 하는 일에 힘쓰고 있다.

서울대학교에서 자원공학을 공부하고, 진로를 변경하여 동대학원에서 서양고전학을 5년간 공부했다. 이 시기에 호메로스, 헤시오도스, 소포클레스, 플라톤, 아리스토텔레스, 키케로, 카이사르, 베르길리우스, 아우구스티누스, 페트라르카 등의 작품을 희랍어와 라틴어로 읽으면서 고전이 주는 맛과 멋을 한껏 느끼게 되었다.

이후 고려신학대학원(M.Div)과 미국의 칼빈신학교(Th.M, Ph.D)에서 공부하며서, 토마스 아퀴나스나 둔스 스코투스와 같은 중세신학자들과 칼뱅, 루터, 오웬, 굿윈, 코케이우스, 데이빗 딕슨, 헤르만 비치우스 등과 같은 종교개혁과 후기종교개혁 신학자들의 작품의 매력에 깊이 심취했다.

현재 고신대학교 신학과 교의학 교수로 섬기면서, 매학기 학생들과 아우구스티누스 신학을 영어로 강독하고, 방학 때마다 헬라 교부들을 원전으로 읽는다. 학생들 앞에서 "나의 사랑"이라고 부르는 아우구스티누스뿐 아니라, 알렉산드리아의 세 신학자들인 클레멘스, 오리게네스, 아타나시우스와 카파도키아의 세 신학자들인 바실리우스, 닛사의 그레고리우스, 나지안주스의 그레고리우스에 대해 특히 관심이 많다.

저서로 『그리스도의 구원』, 『처음 만나는 루터』, 『기독교 윤리학』, 『룻기, 상실에서 채움으로』, 『구속사적 설교』, 『교리 설교』가 있고, 번역서로 『교부들과 함께 성경 읽기』(공역)가 있다. 17세기 개혁신학에서 구속언약 논의를 다룬 박사논문이 독일 괴팅엔의 V&R 출판사에서 The Promise of the Trinity라는 제목으로 출간되었다. 4차 산업혁명 및 공공신학 연구로 한국연구재단 연구지원사업에 여러 차례 선정되었다. 산미가 가득한 커피를 내려 마시며 성경과 신학, 교회와 사회 현안에 대해 대화하기를 좋아한다.

# 참고문헌

강웅산 | "조나단 에드워즈의 도덕철학에 나타나는 하나님 사랑과 이웃 사랑의 관계." 「한국개혁신학」 65 (2020): 51-79.

김진혁 | "은혜와 정의: 득의론 관점에서 본 아우구스티누스의 정치신학." 「한국조직신학논총」 56 (2019): 53-99.

루이스, C. S | 『네 가지 사랑』. 이종태 역. 서울: 홍성사, 2005.

베르길리우스 | 『아이네이스』, 천병희 역. 고양: 도서출판 숲, 2009.

브라운, 피터 | 『아우구스티누스』. 정기문 역. 서울: 새물결, 2012.

스미스, 제임스 | 『아우구스티누스와 함께 떠나는 여정』. 박세혁 역. 파주: 비아토르, 2020.

아우구스티누스 | 『고백록』, 성염 역. 파주: 경세원, 2016.

_____ | 『그리스도교 교양』, 성염 역. 왜관: 분도출판사, 2011.

_____ | 『신국론』. 전3권. 성염 역. 왜관: 분도출판사, 2004.

_____ | 『질서론』. 성염 역. 왜관: 분도출판사, 2017.

우병훈 | 『기독교 윤리학』. 서울: 복있는사람, 2019.

_____ | "아우구스티누스의 성경주석법과 설교론." 「고신신학」 21 (2019): 173-223.

_____ | "아우구스티누스의 공공신학에 대한 두 현대 이론 분석: 한나 아렌트와 진 엘슈테인의 대표적 연구서에 나타난 『신국론』 해석을 중심으로." 「갱신과 부흥」 25 (2020): 65-144.

월터스토프, 니콜라스 | 『정의와 평화가 입맞출 때까지』. 홍병룡 역. 서울: IVP, 2007.

키케로 | 『투스쿨룸 대화』. 김남우 역. 서울: 아카넷, 2014.

판넨베르크, 볼프하르트 | 『인간이란 무엇인가』. 유진열 역. 서울: 쿰란출판사, 2010.

포시디우스 | 『아우구스티누스의 생애』(*Vita Augustini*). 이연학, 최원오 역주. 왜관: 분도출판사, 2008.


Arendt, Hannah | *Der Liebesbegriff bei Augustin: Versuch einer philosophischen Interpretation*. Ed. Frauke A. Kurbacher. 1st ed. Hamburg: Felix Meiner Verlag, 2018.

_____ | *Love and Saint Augustine*. Eds. Joanna Vecchiarelli Scott and Judith Chelius Stark. Chicago: University of Chicago Press, 1996.

Augustinus | *Letters (1-82)*. Trans. Wilfrid Parsons. Washington, DC: The Catholic University of America Press, 1951.

_____ | *The Catholic and Manichaean Ways of Life*. Ed. Roy Joseph Deferrari. Trans. Donald A. Gallagher and Idella J. Gallagher. Washington, DC: The Catholic University of America Press, 1966.

_____ | *Tractates on the Gospel of John 28-54*. Ed. Thomas P. Halton. Trans. John W. Rettig. Washington, DC: The Catholic University of America Press, 1993.

_____ | *Tractates on the Gospel of John, 112-24; Tractates on the First Epistle of John.* Edited by Thomas P. Halton. Trans. John W. Rettig. Washington, DC: The Catholic University of America Press, 1995.

Barringer, Justin Bronson, and D | Stephen Long. "'Love Your Enemy' Introduction." *Modern Theology* 36/3 (2020): 441 – 47. https://doi.org/10.1111/moth.12601.

Bavel, Tarcisius J. van | "The Double Face of Love in Augustine." *Augustinian Studies* 17 (1986): 169 – 81. https://doi.org/10.5840/augstudies19861711.

Bavel, Tarsicius J. van | "Love." In *Augustine through the Ages: An Encyclopedia.* Ed. Allan Fitzgerald, 509 – 16. Grand Rapids: Eerdmans, 1999.

_____ | "'No One Ever Hated His Own Flesh' Eph. 5:29 in Augustine." *Augustiniana* 45/1 (1995): 45 – 93.

Beale, Gregory K | *We Become What We Worship: A Biblical Theology of Idolatry.* Downers Grove, IL: IVP, Apollos, 2020.

Boeft, J. den, and J. van Oort | Eds. *Augustiniana Traiectina: Communications Présentées Au Colloque International d'Utrecht, 13-14 Novembre 1986.* Paris: Études Augustiniennes, 1987.

Brechtken, Josef | *Augustinus Doctor Caritatis: sein Liebesbegriff im Widerspruch von Eigennutz und selbstloser Güte im Rahmen der antiken Glückseligkeits-Ethik.* Monographien zur philosophischen Forschung ; Bd. 136. Meisenheim (am Glan): Hain, 1975.

Brown, Peter Robert Lamont | *Augustine of Hippo: A Biography.* New ed, with Epilogue. Berkeley: University of California Press, 2000.

Burnaby, John | *Amor Dei: A Study of the Religion of St. Augustine.* Hulsean Lectures 1938. London: Hodder & Stoughton, 1938.

_____ | "Ten Homilies on the First Epistle General of St. John." In
*Augustine: Later Works*, 251 – 348. The Library of Christian Classics.
Philadelphia, PA: The Westminster Press, 1955.

Drecoll, Volker Henning | Ed. *Augustin Handbuch*. Tübingen: Mohr Siebeck,
2007.

Elshtain, Jean Bethke | *Augustine and the Limits of Politics*. Notre Dame, IN:
University of Notre Dame Press, 1995.

Fitzgerald, Allan | Ed. *Augustine through the Ages: An Encyclopedia*. Grand
Rapids: Eerdmans, 1999.

Franz, Egon | *Totus Christus: Studien über Christus und die Kirche bei Augustin*.
Bonn: Rheinischen Friedrich-Wilhelms-Universität, 1956.

Gilson, Étienne | *Introduction à l'étude de Saint Augustin*. Paris: Librairie
philosophique J. Vrin, 1940.

Gilson, Etienne | *The Christian Philosophy of Saint Augustine*. Trans. L.E.M.
Lynch. New York, NY: Random House, 1960.

Gregory, Eric | *Politics and the Order of Love: An Augustinian Ethic of Democratic
Citizenship*. Chicago, IL: University of Chicago Press, 2008.

Hauschild, Wolf-Dieter and Volker Henning Drecoll | *Lehrbuch der Kirchen-
und Dogmengeschichte*. Vol. 1, Alte Kirche und Mittelalter, 2nd ed.
Gütersloh: Gütersloher Verlagshaus, 2016.

Hauschild, Wolf-Dieter *Lehrbuch der Kirchen- und Dogmengeschichte* | Vol.
1, Alte Kirche und Mittelalter, 2nd ed. Gütersloh: Gütersloher
Verlagshaus, 2000.

Hess, Hamilton | "The Place of Divinization in Athanasian Soteriology."
*Studia Patristica* 26 (1993): 369 – 74.

Holte, Knut Ragnar | *Béatitude et Sagesse: Saint Augustin et Le Problème de*

*La Fin de l'homme Dans La Philosophie Ancienne.* Paris: Études augustiniennnes, 1962.

Hübner, Reinhard M │ *Die Einheit des Leibes Christi bei Gregor von Nyssa: Untersuchungen zum Ursprung der "Physischen" Erlösungslehre.* Philosophia patrum ; v.2. Leiden: Brill, 1974.

Hultgren, Gunnar │ *Le commandement d'amour chez Augustin; interprétation philosophique et théologique d'aprés les écrits de la période 386-400.* Paris: J. Vrin, 1939.

Jeanrond, Werner G │ *A Theology of Love.* London: T&T Clark International, 2010.

Johnson, Russell P │ "Doing Justice to Difference: Stanley Hauerwas and Public Theology." *Modern Theology* 36/3 (2020): 448 – 61. https://doi.org/10.1111/moth.12602.

Kannengiesser, Charles │ "Augustine on Love: Response to Fr. Tarcisius van Bavel, The Double Face of Love in Augustine." *Augustinian Studies* 17 (1986): 187 – 90. https://doi.org/10.5840/augstudies19861713.

Kelly, J. N. D │ *Early Christian Doctrines.* 5th Ed. London: Bloomsbury, 1977.

Lettieri, Gaetano │ "De doctrina christiana." In *Augustin Handbuch.* Ed. Volker Henning Drecoll, 377 – 93. Tübingen: Mohr Siebeck, 2007.

Lysen, Laura, and Paul Martens │ "How Can We Love Our Enemies When We Kill Our Friends? Shifting the Theological Debate Over Violence." *Modern Theology* 36/3 (2020): 462 – 77. https://doi.org/10.1111/moth.12603.

Madec, Goulven │ "Christus." In *Augustinus-Lexikon.* Eds. Cornelius Petrus Mayer et al., 1:845 – 908. Basel: Schwabe, 1986.

Markus, Robert A │ *Saeculum, History and Society in the Theology of St.*

*Augustine*. Cambridge: Cambridge University Press, 1970.

Mersch, Emile | *The Whole Christ: The Historical Development of the Doctrine of the Mystical Body in Scripture and Tradition*. Trans. John R. Kelly. On Internet: Ex Fontibus Company, 2018.

Nussbaum, Martha Craven | *Upheavals of Thought: The Intelligence of Emotions*. Cambridge: Cambridge University Press, 2001.

Nygren, Anders | *Agape and Eros: The Christian Idea of Love*. Philadelphia: The Westminster Press, 1953.

Schlabach, Gerald W | "A 'Manual' for Escaping Our Vicious Cycles: The Political Relevance of Enemy-Love." *Modern Theology* 36/3 (2020): 478 – 500. https://doi.org/10.1111/moth.12470.

Schrage, Wolfgang | "Theologie Und Christologie Bei Paulus Und Jesus Auf Dem Hintergrund Der Modernen Gottesfrage." *Evangelische Theologie* 36 (1976): 121 – 54.

Stob, Henry | "The Dialectic of Love and Justice." In *Ethical Reflections: Essays on Moral Themes*, 134–43. Grand Rapids, MI: Eerdmans, 1978.

Strange, C. Roderick | "Athanasius on Divinization." *Studia Patristica* 16 (1985): 342 – 46.

Teske, Roland J | "Love of Neighbor in Augustine." In *To Know God and the Soul: Essays on the Thought of Saint Augustine*, 70 – 90. Washington, DC: Catholic University of America Press, 2008.

_____ | *To Know God and the Soul: Essays on the Thought of Saint Augustine*. Washington, DC: Catholic University of America Press, 2008.

Verheijen, Luc | "Le Premier Livre Du De Doctrina Christiana d'Augustin. Un Traité de 'Télicologie' Biblique." In *Augustiniana Traiectina: Communications Présentées Au Colloque International d'Utrecht, 13-*

*14 Novembre 1986.* Eds. J. den Boeft and J. van Oort, 169–87. Paris: Études Augustiniennes, 1987.

Williams, Rowan | *On Augustine.* London: Bloomsbury, 2016.

Wolterstorff, Nicholas | *ustice in Love.* Grand Rapids, MI: Eerdmans, 2011.

Woo, B. Hoon | "Augustine's Hermeneutics and Homiletics in *De doctrina christiana*: Humiliation, Love, Sign, and Discipline." *Journal of Christian Philosophy* 17/2 (2013): 97–117.

_____ | "Pannenberg's Understanding of the Natural Law." *Studies in Christian Ethics* 25/3 (2012): 346–366.

_____ | "Pilgrim's Progress in Society: Augustine's Political Thought in the City of God." *Political Theology* 16/5 (2015): 421–41.

# ⟨부록1⟩
## 아우구스티누스의 연대표[1]

| 354 | **타가스테에서 출생.** |
|---|---|
| 370 | 마다우라에서 타가스테로 돌아옴. |
| 371 | 카르타고에 최초로 가다. |
| 372 | **아버지 파트리키우스 사망. 동거녀를 얻다.** |
| 373 | **『호르텐시우스』를 읽다. 아데오다투스 출생(?).** |
| | **-382 마니교의 청강자(auditor; Hauschild)** |
| | **아리스토텔레스의 『범주론』 독학(『고백록』 4, 16, 28)** |
| 375 | 카르타고에서 타가스테로 돌아와 가르치다. |

---

1    이 연대표는 피터브라운, 『아우구스티누스』, 정기문 역 (서울: 새물결, 2012)에 나오는 정보들을 바탕으로 발췌하고 수정한 것이다. 연대표에서 "-"를 표시한 이후에 숫자는 작품의 완성 연도이다. 예를 들어, 『참된 종교』는 389년에 작성하기 시작하여 391년에 완성했다는 의미이다.

| 376 | 친구의 사망. 카르타고로 돌아가다. |
|---|---|
| 380 | 『아름다운 것과 적합한 것에 대해』집필(소실됨). |
| 382 | 마니교 주교 파우스투스를 만남(『고백록』 5.3.3) |
| 383 | 로마를 향해 항해하다. |
| | 여전히 마니교도와 친분(『고백록』 5.10.18) |
| 384 | 밀라노 수사학 교수로 임명되다(가을). |
| | 암브로시우스 만남(『고백록』 5.13.23) |
| 385 | 모니카, 밀라노에 도착하다(늦봄). 동거녀와 헤어짐. |
| | 알리피우스와 네브리디우스 교류 |
| 386 | 심플리키아누스와 만남(『고백록』 8.2.3-5.12). |
| | 빅토리누스가 라틴어로 번역한 플라톤주의 책들을 읽다(6월?). |
| | 폰티키아누스와 만남(『고백록』, 8.6.13-7.18). |
| | 개종(8월 말; 롬 13:13). |
| | 카시키아쿰으로 가다(9월). |
| | 『아카데미아 학파 반박』(11월). |
| | 『행복한 삶』(11월). 『질서론』(12월). |
| | 『독백』(겨울). |
| 387 | 밀라노로 귀환(3월 초). |
| | 『영혼의 불멸』(3-4월) |
| | 4월 24일, 세례. |
| | 『음악론』집필 착수. |
| | 오스티아의 환상. 모니카의 사망. |
| 388 | 오스티아에서 로마로 가다. |

| | |
|---|---|
| | **다음 해 후반기까지 로마에 머물다.** |
| | 『영혼의 위대함』(상반기). |
| | **『자유의지론』(1권).** |
| | -390 『보편교회의 관습』(=『가톨릭교회의 삶의 방식과 마니교의 삶의 방식에 대해』). |
| | 카르타고로 갔다가 다시 타가스테로 가다. |
| | -389 『마니교도 반박 창세기 해설』 |
| | -396 『83개의 다양한 질문들』 |
| 389 | 『교사론』 |
| | **-391 『참된 종교』** |
| 390 | 네브리디우스와 아데오다투스의 사망. |
| 391 | 수도원을 짓기 위해 히포에 도착(봄). |
| | -392 『믿음의 유익』 |
| | -392 『(마니교도 반박) 두 영혼』 |
| | **-395 『자유의지론』(2-3권).** |
| 392 | 8월 28-29일 히포에서 포르투나투스와 토론. |
| | **『마니교도 포르투나투스 반박』** |
| | 그리스인들의 성경 해설을 라틴어로 번역해줄 것을 히에로니무스에게 요청하다. |
| | **-420 『시편 강해』(392년까지 쓰여진 시편의 앞 32편에 대한 주석).** |
| 393 | 12월 3일, 히포의 종교회의. |
| | 『신앙과 신경』을 설교. |
| | 『창세기 문자적 해설 미완성 작품』 |

| | |
|---|---|
| 394 | 아우구스티누스, 발레리우스 주교 후임자로 서임. |
| | 히포에서 '축제' 억제. |
| | 『도나투스파 반박 시편』 |
| | **『주님의 산상설교』** |
| | 6월 26일, 카르타고 1차 회의. |
| | **카르타고에서 『로마서』 강의.** |
| | **-395『로마서 명제 해설』** |
| | **『로마서 미완성 해설』** |
| | **『갈라디아서 해설』** |
| | **『거짓말』** |
| 396 | **『(여러 질문에 대해) 심플리키아누스께』** |
| | 『마니교 기조 서간 반박』 |
| | **『기독교의 가르침』(426년에 완성).** |
| | 『그리스도인의 투쟁』(426/7년에 완성). |
| 397 | 6월 26일, 카르타고 2차 회의. |
| | 8월 28일, 카르타고 3차 회의. |
| | 투부르시쿰 부레에서 도나투스파 주교 포르투니우스와 토론. |
| | -400『복음서에 관한 질문』 |
| | **-398『마니교도 파우스투스 반박』** |
| | **-401『고백록』** |
| 398 | 『마니교도 펠릭스 반박』(12월). |
| 399 | 4월 27일, 카르타고 4차 회의. |
| | **『(마니교도 반박) 선의 본성』** |

| | |
|---|---|
| | 『마니교도 세쿤디누스 반박』 |
| | 『욥기 주해』 |
| | -400『입문자 교리교육』 |
| | **-419『삼위일체론』** |
| 400 | 『보이지 않은 사물에 관한 믿음』설교. |
| | 『복음사가들의 일치』 |
| | 『파르메니아누스 서간 반박』 |
| | -401『(도나투스파 반박) 세례론』 |
| | 『야누아리우스의 질문』 |
| | 『수도사의 일』 |
| 401 | 6월 15일, 카르타고 5차 회의 |
| | 예전 막시미아누스파 사제를 조사하기 위해서 아수라스와 무스티로 가다. |
| | 9월 13일, 카르타고 6차 회의. |
| | 주교로 선출되기 위해서 히포 디아르휘투스에 있다(9월말) |
| | 『결혼의 선익』,『거룩한 동정』 |
| | -405『페틸리아누스 서간 반박』 |
| | -414『창세기 문자적 해설』 |
| 402 | 8월 7일, 7차 회의를 위해 밀레비스에 머물다. |
| 403 | 8월 25일, 카르타고 8차 회의. |
| | 11월 8일까지 간헐적으로 카르타고에서 설교 |
| 404 | 6월 26일, 카르타고 9차 회의. |
| 405 | 『교회의 일치』 |

| | |
|---|---|
| | 8월 23일, 카르타고 10차 회의. |
| | -406 『도나투스파 문법학자 크레스코니우스 반박』 |
| 406 | 『악마의 점술』(반달족 이탈리아 침입) |
| 407 | 투부르시쿰에서 11차 회의 열림(6월 말). |
| | -408 『요한복음 강해』 |
| 408 | 6월 16일 카르타고 12차 회의. |
| | 10월 13일 카르타고 13차 회의(참석여부 불확실) |
| | 카르테나의 도나투스파 주교 빈켄티우스에게 보내는 편지 93 |
| | -409 『이교인 반박 여섯 질문』(=편지 102) |
| | -412 『금식의 유익』 |
| 409 | 알라릭(서고트족) 로마 포위. 도나투스파 관용 누림 |
| | 6월 15일, 카르타고 14차 회의(참석여부 불확실). |
| | 메모르에게 보내는 편지 101 |
| | 도나투파 주교 마르코비우스 히포에 다시 들어오다. |
| 410 | 6월 14일, 카르타고 15차 회의. |
| | 5월 19일부터 카르타고에서 머물다가 9월 11일에 우티카로, 그리고 9월 22일에 히포 디아르휘투스로 돌아가다. 건강이 좋지 않아 겨울 동안 히포 교외의 빌라로 옮김. |
| | 「디오스쿠루스에게 보내는 서신」 |
| | 「세례의 유일성에 대해 페틸리아누스 반박」 |
| 411 | 도나투스파에 맞서 1-3월까지 설교. |
| | 4-6월까지 카르타고뿐만 아니라 키트라에서도 설교. |

| | |
|---|---|
| | 펠라기우스의 견해가 카르타고에 퍼지고 있는 것과 카일레스티우스가 정죄 받았다는 것을 전하는 마르켈리누스의 편지가 연말에 도착. |
| | -412『도나투스파 반박 토론 초록』 |
| | **-412『죄벌과 용서 그리고 유아세례』** |
| 412 | 6월 14일, 키르타에서 종교회의. |
| | 9-12월 사이 카르타고에서 정기적으로 설교. |
| | 『도나투스파 반박 토론 초록 후서』 |
| | **『영과 문자』** |
| | 「신약의 은총에 대해」 |
| 413 | 카르타고에 머물다(1월 중순). |
| | 「파울리나에게 보내는 하나님에게 보임에 대해」 |
| | **『신앙과 행위』** |
| | 6월과 8월 그리고 9월에 카르타고에 머물면서 마르켈리누스를 구명하기 위해 노력 |
| | **『신국론 1-3』(마르켈리누스 사망 이전에 쓰여짐).** |
| | **-415『신국론 4-5』** |
| | -415『본성과 은총』 |
| 414 | 「율리아나에게 보내는 과부 신분의 좋음에 대해」 |
| | **『삼위일체론』모습을 드러내다.** |
| | -416-17『요한복음 강해』(아마 407-408에 시작). |
| 421 | -422『도나투스파 주교 가우텐티우스 반박』 |
| | 6월 13일, 카르타고 18차 회의. |
| | 『율리아누스 반박』 |

| | |
|---|---|
| | -423『(라우렌티우스에게 보내는) 신앙핸드북』 |
| | -424『죽은 이를 위한 배려』 |
| 422 | -425『둘키티우스의 여덟 질문』 |
| 423 | 푸쌀라의 안토니누스 문제. |
| 424 | 어떤 성직자(재산 일부를 헌납하지 않음) 권징. |
| **425** | **『신국론 18』** |
| | **-427『신국론 19-22』** |
| | 히포에서 추문. 설교 355-6(12월-1월). |
| 426 | 밀레비스의 세베루스 사망. |
| | 계층 문제를 다루기 위해 밀레비스 방문. |
| | 세베루스의 계승자로 에라클리우스를 지명(9월 26일). |
| | **-427『은총과 자유의지』** |
| | **-427『훈계와 은총』** |
| | **-427『재론고(*Retractationes*)』** |
| 427 | -428『아리우스파 주교 막시미아누스와의 토론』 |
| 428 | 『아리우스파 주교 막시미아누스 반박』 |
| | 『(쿠오드불트데우스에게 보내는) 이단론』 |
| | 프로스페루스와 힐라리우스로부터 편지를 받다. |
| | **-429『성도들의 예정』** |
| | **-429『견인의 은사』** |
| 429 | -430『유대인 반박』 |
| | -430『율리아누스 반박 미완성 작품』 |
| **430** | **8월 28일, 아우구스티누스 사망 및 매장.** |

## 〈부록2〉
## 아우구스티누스의 주요 작품 목록과 약어

| 약어 | 라틴어 이름 | 우리말 이름 |
|---|---|---|
| and. Job | Adnotationes in Job | 『욥기 주해』 |
| adv. Jud. | Adversus Judaeos | 『유대인 반박』 |
| agon. | De agone christiano | 『그리스도인의 투쟁』 |
| bapt. | De baptismo | 『세례론』 |
| b. vita | De beata vita | 『행복론』 |
| b. conjug. | De bono conjugali | 『결혼의 선익』 |
| brev. | Breviculus conlationis cum Donatistis | 『도나투스파 반박 토론 초록』 |
| cat. rud. | De catechizandis rudibus | 『입문자 교리교육』 |
| c. Acad. | Contra Academicos | 『아카데미아학파 반박』 |

| | | |
|---|---|---|
| c. ep. Man. | Contra epistulam Manichaei quam vocant fundamenti | 『마니교 기조 서간 반박』 |
| c. ep. Parm. | Contra epistulam Parmeniani | 『파르메니아누스 서간 반박』 |
| c. Faust. | Contra Faustum Manicheum | 『마니교도 파우스투스 반박』 |
| c. Fel. | Contra Felicem Manicheum | 『마니교도 펠릭스 반박』 |
| c. Fort. Acta | contra Fortunatum Manicheum | 『마니교도 포르투나투스 반박』 |
| c. Gaud. | Contra Gaudentium Donatistarum episcopum | 『도나투스파 주교 가우덴티우스 반박』 |
| c. Jul. | Contra Julianum | 『율리아누스 반박』 |
| c. Jul. imp. | Contra Julianum opus imperfectum | 『율리아누스 반박 미완성 작품』 |
| civ. Dei | De civitate Dei | 『신국론』 |
| conf. | Confessiones | 『고백록』 |
| cons. Ev. | De consensu Evangelistarum | 『복음사가들의 일치』 |
| cont. | De continentia | 『절제론』 |
| corrept. | De correptione et gratia | 『훈계와 은총』 |
| c. Prisc. | Contra Priscillianistas | 『프리스킬리아누스파 반박』 |

| | | |
|---|---|---|
| Cresc. | Ad Cresconium grammaticum partis Donati | 『도나투스파 문법학자 크레스코니우스 반박』 |
| c. Sec. | Contra Secundinum Manicheum | 『마니교도 세쿤디누스 반박』(399) |
| cura mort. | De cura pro mortuis gerenda | 『죽은 이를 위한 배려』 |
| divin. daem. | De divinatione daemonum | 『악마의 점술』 |
| div. qu. | De diversis quaestionibus octoginta tribus | 『83개의 다양한 질문들』 |
| doc. Chr. | De doctrina Christiana | 『기독교의 가르침』 |
| duab. an. | De duabus animabus | 『두 영혼』 |
| Dulc. qu. | De octo Dulcitii quaestionibus | 『둘키티우스의 여덟 질문』 |
| en. Ps. | Enarrationes in Psalmos | 『시편 강해』 |
| ench. | Enchiridion | 『신앙핸드북』 |
| ep. | Epistulae | 『편지』 |
| ep. Jo. | In epistulam Joannis | 『요한서간 강해』 |
| ep. Rm. inch. | Epistulae ad Romanos inchoata expositio | 『로마서 미완성 해설』 |
| ex. Gal. | Expositio epistulae ad Galatas | 『갈라디아서 해설』 |

| | | |
|---|---|---|
| ex. prop. Rm. | Expositio quarundam propositionum ex epistula apostoli ad Romanos | 『로마서 명제 해설』 |
| f. et symb. | De fide et symbolo | 『신앙과 신경』 |
| f. invis. | De fide rerum invisibilium | 『보이지 않는 사물에 관한 믿음』 |
| Gn. litt. | De Genesi ad litteram | 『창세기 문자적 해설』 |
| Gn. litt. imp. | De Genesi ad litteram imperfectus liber | 『창세기 문자적 해설 미완성 작품』 |
| Gn. adv. Man. | De Genesi adversus Manicheos | 『마니교도 반박 창세기 해설』 |
| gr. et lib. arb. | De gratia et libero arbitrio | 『은총과 자유의지』 |
| gr. et pecc. or. | De gratia Christi et de peccato originali | 『그리스도의 은총과 원죄』 |
| imm. an. | De immortalitate animae | 『영혼의 불멸』 |
| inq. Jan. | Ad inquistiones Januarii | 『야누아리우스의 질문』 |
| Jo. ev. tr. | In Johannis evangelium tractatus | 『요한복음 강해』 |
| lib. arb. | De libero arbitrio | 『자유의지론』 |
| c. litt. Pet. | Contra litteras Petiliani | 『페틸리아누스 서간 반박』 |

| mag. | De magistro | 『교사론』 |
|---|---|---|
| mend. | De mendacio | 『거짓말』 |
| mor. | De moribus ecclesiae catholicae et de moribus Manichaeorum | 『보편교회의 관습』 |
| mus. | De musica | 『음악론』 |
| nat. b. | De natura boni | 『선의 본성』 |
| nat. et gr. | De natura et gratia | 『본성과 은총』 |
| nupt. et conc. | De nuptiis et concupiscentia | 『결혼과 정욕』(419/421) |
| ord. | De ordine | 『질서론』 |
| op. mon. | De opere monachorum | 『수도사의 일』 |
| pat. | De patientia | 『인내론』 |
| pecc. mer. | De peccatorum meritis et remissione et de baptismo parvulorum | 『죄벌과 용서 그리고 유아세례』 |
| persev. | De dono perseverantiae | 『견인의 은사』 |
| praed. sanct. | De praedestinatione sanctorum | 『성도들의 예정』 |
| ps. c. Don. | Psalmus contra partem Donati | 『도나투스파 반박 시편』 |
| quant. | De animae quantitate | 『영혼의 위대함』 |

| | | |
|---|---|---|
| qu. c. pag. | Quaestiones expositae contra paganos VI | 『이교인 반박 여섯 질문』 |
| qu. Ev. | Quaestiones Evangeliorum | 『복음서에 관한 질문』 |
| retr. | Retractationes | 『재론고』 |
| rhet. | De rhetorica | 『수사학』 |
| s. | Sermones | 『설교』 |
| s. Dom. mon. | De sermone Domini in monte | 『주님의 산상설교』 |
| Simpl. | Ad Simplicianum | 『심플리키아누스께』 |
| sol. | Soliloquia | 『독백』 |
| spec. | Speculum | 『거울』 |
| spir. et litt. | De spiritu et littera | 『영과 문자』 |
| symb. cat. | De symbolo ad catechumenos | 『예비신자를 위한 사도신경 해설』 |
| Trin. | De Trinitate | 『삼위일체론』 |
| cath. | Ad catholicos fratres | 『교회의 일치』 |
| util. jejun. | De utilitate jejunii | 『금식의 유익』 |
| util. cred. | De utilitate credendi | 『믿음의 유익』 |
| vera rel. | De vera religione | 『참된 종교』 |
| virg. | De sancta virginitate | 『거룩한 동정』 |